L'ORIGINE DEL MALE

Verità Bibliche Nascoste in Piena Vista

Dr. Yeral E. Ogando

Nota: Tutte le citazioni delle Scritture sono tratte direttamente da Dabar Yahuah Escrituras, salvo diversa indicazione.
https://www.yahuahbible.com/es
ISBN: 978-1-946249-36-4

Dedica

Questo libro è dedicato a tutti coloro che cercano la Verità in Yahuah, e a coloro a cui Yahuah Elohîym ha già aperto gli occhi e l'intendimento.

Possa Yahuah concedervi sapienza e discernimento durante la lettura di queste pagine, create con lo scopo di portare chiarezza al popolo di Yahuah in tutte le nazioni.

Questo libro non è destinato ai ciechi né alle guide cieche, che non comprenderanno né vedranno mai la verità, anche quando essa si trovi davanti ai loro occhi.

Alla fine, quest'opera non appartiene al lignaggio di sangue nefilino, ma al lignaggio spirituale e puro di Yahuah, manifestato in Yahusha Ha Mashîyach.

E per noi, che serviamo Yahuah:

non siamo stati chiamati a credere senza indagare, pregare e discernere, ma a credere dopo aver esaminato tutte le fonti — dentro e fuori da questo libro — e solo dopo aver pregato, accettare ciò che il Ruach di Yahuah conferma come verità.

Va bene se non concordi con tutto ciò che qui è espresso; comprendo che alcuni avranno bisogno di anni per comprenderlo, mentre altri possiedono già un seme di conoscenza che proviene da Yahuah.

Quest'opera è dedicata a coloro che sono stati chiamati da Yahuah Elohîym e redenti da Yahusha Ha Mashîyach.

"Esaminate ogni cosa; trattenete ciò che è buono."
1 Thessalonikéfs (1 Tessalonicesi) 5:21

L'ORIGINE DEL MALE
Verità Bibliche Nascoste in Piena Vista

Una ricostruzione cronologica dell'origine, dell'espansione e del destino del male secondo le Scritture restaurate. Smantellando le menzogne del nemico.

INDICE DEI CONTENUTI

Introduzione

Fin dall'inizio della creazione, lo scopo di Yahuah è stato manifestare la Sua luce, la Sua verità e la Sua giustizia in tutto ciò che ha creato.

Tuttavia, sin dai primi giorni dell'uomo, il nemico seminò l'inganno. Così ebbe inizio la storia mai raccontata del male — una storia distorta, nascosta e reinterpretata dagli uomini, dagli angeli caduti e dai regni delle tenebre che cercano di falsificare la verità rivelata.

Nel Giardino dell'Eden (Yaden), Gadreel — non l'avversario comunemente descritto dalla religione moderna — fu colui che sedusse Chawwâh (Eva) e la condusse al peccato.

"E il Nâchâsh disse alla donna: Non morirete..." (Bereshith / Genesi 3:4)

Da quell'istante, l'umanità rimase intrappolata in una rete di corruzione spirituale che si sarebbe estesa nei secoli.

Gli angeli Vigilanti (Nephîyl), menzionati in Chănôk (Enoc) e confermati negli Scritti, furono inviati con il compito di istruire l'umanità. Tuttavia, una volta provata la natura umana, cambiarono il loro scopo: desiderarono generare discendenza. Questi esseri furono sedotti, ingannati e indotti a ribellarsi contro il comando di Yahuah.

Dalla loro unione con le figlie degli uomini nacquero i Nefelîn : creature ibride, prive del ruach (respiro) di Yahuah, completamente inclinate al male.

"Vi erano Nephîyl sulla terra in quei giorni, e anche dopo, quando i figli di ĔLÔHĬYM andarono alle figlie degli uomini e queste partorirono loro dei figli." (Bereshith 6:4)

Da questi esseri nacquero i demoni, spiriti senza riposo che vagano cercando corpi da possedere, poiché non appartengono né al cielo (shâmayim) né alla creazione di Yahuah.

Il diluvio non fu soltanto una catastrofe fisica, ma una purificazione spirituale. Yahuah preservò otto anime — Noaḥ, sua moglie, i suoi tre figli e le loro mogli — per custodire la seme santa, l'unica che conservava il ruaḥ puro.

"Ed ecco, Io farò venire un diluvio di acque sulla terra per distruggere ogni carne in cui vi sia il rûach di vita sotto il cielo; tutto ciò che è sulla terra perirà."

(Bereshith 6:17)

Ma anche dopo il diluvio, un resto nefelino sopravvisse e si stabilì nelle regioni di Ararat e di Babel.

Fu nei giorni di Qeynan (Cainan), discendente di Noaḥ, che la malvagità tornò a fiorire. Qeynan trovò gli insegnamenti antichi dei Vigilanti, li copiò e li insegnò agli uomini, reintroducendo magia, idolatria, stregoneria e scienze proibite.

Da Babel, il centro della ribellione, sorse la torre: simbolo di orgoglio e confusione.

" E Yahuah discese per vedere la città e la torre che i figli degli uomini edificavano... Scendiamo e confondiamo là le loro lingue."

(Bereshith 11:5–9)

Così furono dispersi i Vigilanti e il loro resto, che più tardi avrebbero dominato le nazioni vicine — tra cui Sodoma e Gomorra, città corrotte dal seme nefelino.

Da questa discendenza nacquero i Chasmoniym, padri dei Filistei, e più tardi i farisei, sadducei ed esseni, che ereditarono la stessa linea di sangue nefelina. Essi usurparono il Tempio, corrompendo il sacerdozio, e si levarono contro Yahusha ha Mashîyach, il Figlio di Elyôn.

"Voi siete dal padre vostro, il Diábolos, e volete compiere i desideri di vostro padre."

(Yôchânân / Giovanni 8:44)

In loro si compì la profezia: i figli del Nâchâsh perseguitarono il Figlio dell'Uomo.

Maśṭêmâh, principe dei demoni, non è uno spirito errante, ma un essere fisico — un angelo con corpo — che opera come capo del resto nefelino. Da Mitsrayim (Egitto) fino a Roma, il suo dominio si è esteso sotto molte forme, nascosto in religioni, filosofie e regni umani.

Col tempo, Babel si reincarnò nell'Impero Romano, sotto Costantino, che mescolò gli insegnamenti nefelini con il Nome del vero Êlôhîym, creando una religione universale falsa. Così Babel tornò a divorare le nazioni con le sue menzogne, corrompendo il Nome sacro di Yahuah e sostituendolo con idoli e dottrine di uomini.

Questa opera rivela che il male non nacque dalla carne umana creata da Yahuah, ma dalla mescolanza tra ciò che è celeste e ciò che è terreno.

E, come la sua origine fu un'unione proibita, così la sua fine sarà una separazione definitiva: il giudizio di Yahuah sui regni delle tenebre.

Quest'opera smaschera le menzogne, espone la genealogia dell'inganno e annuncia il compimento finale del piano di redenzione.

Capitolo 1
La Creazione e la Prima Caduta

(L'inizio del mondo invisibile e la natura eterna degli esseri spirituali)

1.1 Creazione di tutti gli spiriti nel primo giorno della creazione

Gli angeli ricevettero il dono dell'eternità; così che, essendo eterni, non procreano né si moltiplicano.

Chănôk (Enoc) - Capitolo 15: versetto 6–7:
"Quanto a voi, foste prima spirituali, vivendo una vita eterna, immortale per tutte le generazioni del mondo; per questo non vi sono state attribuite donne, poiché la dimora degli spiriti del shâmayim è il shâmayim."

Yôbêl (Giubilei) - Capitolo 2: versetti 2–3:
"Poiché nel primo giorno creò glishâmayim di sopra, la terra, le acque e tutti gli spiriti che lo servono: gli angeli della presenza, gli angeli della santificazione, gli angeli dello spirito del fuoco, gli angeli dello spirito dei venti, gli angeli dello spirito delle nubi, delle tenebre, della neve, della grandine e della brina,gli angeli delle voci, del tuono e del lampo; gli angeli degli spiriti del freddo e del calore, dell'inverno, della primavera, dell'autunno e dell'estate, e tutti gli spiriti delle sue creature che sono nei shâmayim e sulla terra. Egli creò gli abissi, le tenebre, il tramonto e la notte, la luce, l'alba e il giorno; tutto ciò che preparò nella conoscenza del suo cuore. E allora vedemmo le sue opere, lo lodammo e ci gloriammo alla sua presenza per tutte le sue opere, perché sette grandi opere creò nel primo giorno."

1. Shâmayim

2. Acque

3. Angeli

4. Spirito dell'uomo

5. Abissi

6. Tenebre

7. Luce

A differenza di quanto ci è stato detto o insegnato, le Scritture non insegnano che tutti gli spiriti dell'uomo furono creati nel primo giorno della creazione. Ciò significa che ogni essere umano che non ha ancora preso forma di carne o sangue, che non è ancora nato, in realtà fu creato sin dal primo giorno della creazione.

Yirmeyâhû (Geremia) - Capitolo 1: versetto 5:
"Prima che ti formassi nel grembo ti conobbi, e prima che uscissi dal ventre ti santificai; ti ho costituito profeta per le nazioni."

Tehîllîm (Salmi) Capitolo 139: versetto 13: "Poiché tu hai formato le mie reni; tu mi hai coperto nel grembo di mia madre."

Come possiamo vedere in questi versetti, anche gli angeli creati nel primo giorno della creazione ricevettero il dono della vita eterna, così che la loro natura non è di riproduzione; perciò tutti gli angeli sono maschili. Non esiste una cosa come un angelo femmina: ciò non è biblico. Tutti sono maschili perché la capacità di procreare o riprodursi non fu assegnata a loro, ma piuttosto l'eternità nei cieli.

Gli angeli furono creati come servitori o ministri della creazione più preziosa di Yahuah Êlôhîym: l'uomo. Furono creati per servirci, non noi per servire loro.

1.2 Creazione degli esseri umani nel sesto giorno

(Il dono della procreazione e la connessione con il ruach di Yahuah)

Gli esseri umani, come esseri effimeri e passeggeri, ricevettero il dono unico di procreare affinché non si estinguessero sulla terra e continuassero a moltiplicarsi. Solo all'uomo fu dato questo grande dono.

Yôbêl (Giubilei) - Capitolo 2: versetti 14–15:
"Dopo tutto questo, creò l'uomo; maschio e femmina li creò, e diede loro dominio su tutto ciò che è sulla terra e nei mari, su tutto ciò che vola, sulle bestie e sul bestiame, su tutto ciò che si muove sulla terra e su tutta la terra; e su tutto questo diede loro dominio. E creò questi quattro tipi nel sesto giorno. E in totale furono ventidue tipi."

1. Animali terrestri

2. Bestiame

3. Tutto ciò che si muove sulla terra

4. Uomo

Yahuah si impegnò nella sua creazione, stabilì tutto il panorama necessario affinché la sua opera suprema potesse godere e vivere con lui per i secoli. E come sua ultima opera, nel sesto giorno creò l'uomo, la sua creazione magnifica. Tutto ciò che creò dal primo giorno fino a quel momento del sesto giorno servì a preparare il terreno per portare l'uomo alla vita e fargli godere il paradiso che Yahuah aveva creato.

Chănôk (Enoc) - Capitolo 15: versetto 5:
"Perciò, anche a voi ho dato donne affinché le fecondiate e generiate figli da esse, affinché così non vi manchi nulla sulla terra."

Poiché l'uomo non ricevette l'immortalità degli angeli, ricevette dunque un dono unico: la capacità di generare o procreare figli sulla terra, con lo scopo di non mancare mai nella creazione di Yahuah. Una facoltà unica data all'uomo. Avere figli o discendenti è il dono più prezioso della nostra esistenza, desiderato e gelosamente invidiato da alcuni degli angeli.

Ricordiamo che tutti gli spiriti degli uomini furono creati nel primo giorno della creazione, ma solo nel sesto giorno quello spirito ricevette un corpo e divenne un essere umano. Questa è la ragione per cui nel testo di Berēšhīṯh (Genesi) si spiega che l'uomo e la donna furono creati (nel primo giorno), ma solo nel sesto giorno l'uomo divenne un essere vivente.

1.3 Chawwâh nel giardino

(La seduzione di Gadreel (Gadriel) e l'entrata dell'inganno nell'Eden)

Chawwâh, nel giardino, fu sedotta da Gadriel e cadde nella tentazione: la donna cedette all'insinuazione dell'angelo Gadriel, non di un serpente, e la donna, a sua volta, condivise con l'uomo il frutto di quella tentazione.

Chănôk (Enoc) - Capitolo 69: versetto 6:
"E il terzo si chiamava Gadreel... ed egli fece peccare Chawwâh (Eva)... Come vediamo, fu un angelo, non un rettile. Questo stesso angelo, più tardi, nella caduta degli angeli vigilanti, si unisce a loro."

Yôbêl (Giubilei) - Capitolo 3: Vversetti 17–19:
"E dopo che si furono compiuti i sette anni che aveva trascorso là, esattamente sette anni, nel secondo mese, il diciassettesimo giorno del mese, il Nâchâsh venne e si avvicinò alla donna, e il

Nâchâsh disse alla donna: 'Ti ha comandato Êlôhîym dicendo: Non mangiate di nessun albero del giardino?' E la donna disse: 'Del frutto di tutti gli alberi del giardino, Êlôhîym ci ha detto: Mangiate; ma del frutto dell'albero che è in mezzo al giardino, Êlôhîym ci ha detto: Non mangiatene, né toccatelo, affinché non moriate.' E il Nâchâsh disse alla donna: 'Non morirete, poiché Êlôhîym sa che nel giorno in cui ne mangerete, si apriranno i vostri occhi, e sarete come dèi, conoscendo il bene e il male.'"

Adam e Chawwâh rimasero sette anni nel giardino, coltivandolo ed essendo curati da Yahuah Êlôhîym. Il Nâchâsh lanciò una domanda ingannevole alla donna, che cadde nella trappola e disse esattamente ciò che sapevano: avevano solo un divieto, un albero specifico. Se leggiamo bene il testo, vediamo che l'unica menzogna espressa dal Nâchâsh fu quando disse: "Non morirete."

La donna cadde nella trappola, che non fu forzata ma suggerita, e peccò; e immediatamente si aprirono i suoi occhi e conobbe il male, poiché il bene già lo conosceva. Il frutto della conoscenza del male o meglio, la disobbedienza a tutto ciò che è chiamato legge o bene.

Anche dopo questo peccato, che segnò il corso di tutta la creazione, commesso originariamente dalla donna e dall'angelo Nâchâsh, nell'umanità — o creazione di Êlôhîym — non c'è nulla di malvagio, ma piuttosto le conseguenze della disobbedienza; tutto ciò che Egli creò era buono, anzi, molto buono.

1.4 Gadreel o Gadriel – Prima dei Vigilanti

(Il vero avversario che introdusse la morte e l'errore)

Chănôk (Enoc) - Capitolo 69, versetto 6:
"E il terzo si chiamava Gadreel; egli è colui che mostrò ai figli degli uomini tutti i colpi della morte, e fece peccare Chawwâh,

e mostrò ai figli degli uomini le armi della morte: lo scudo, la corazza, la spada per la battaglia e tutte le armi della morte ai figli degli uomini."

Gadreel non fu mai parte del peccato dei Vigilanti e non fu mai imprigionato. È colui che conosciamo come l'avversario. È lui che, dopo, approfitta del peccato degli angeli vigilanti che si corrompono con le donne per trasmettere gli insegnamenti proibiti all'umanità e/o ai discendenti dei nefelin. La sua prima apparizione è nel giardino dell'Eden, all'inizio della creazione, dove creò il primo inganno, e per tale azione fu maledetto da Yahuah.

1.5 Espulsione dal paradiso

(La conseguenza della disobbedienza).

L'uomo fu espulso dal paradiso o giardino dell'Eden per la sua trasgressione, e l'entrata del paradiso fu protetta e nascosta affinché gli esseri umani non potessero trovarla.

Berēshīṯh (Genesi) - Capitolo 3: versetti 22–24:
"E disse YAHUAH ÊLÔHÎYM: 'Ecco, Âdâm è diventato come uno di noi, conoscendo il bene e il male; ora dunque, affinché non stenda la mano e prenda anche dell'albero della vita, e ne mangi, e viva per sempre,' YAHUAH ÊLÔHÎYM lo scacciò dal giardino di Êden, perché lavorasse la terra da cui era stato tratto. Così Egli cacciò l'uomo, e pose a oriente del giardino di Êden il Kerûb, e una spada fiammeggiante che si voltava da ogni lato, per custodire la via dell'albero della vita."

1.6 Primo omicidio dell'umanità

(Qayin contro Hebel: la nascita dello spargimento di sangue)

Qayin, per gelosia e invidia, divenne il primo assassino della razza umana. Tuttavia, anche dopo questo episodio, il male come entità non prevaleva ancora sulla terra.

Yôbêl (Giubilei) - Capitolo 4: versetto 2:
"E nel primo anno del terzo giubileo, Qayin uccise Hebel perché Êlôhîym aveva accettato il sacrificio di Hebel e non l'offerta di Qayin."

Berēshīth (Genesi) - Capitolo 4: versetti 3–4:
"E avvenne, col passare del tempo, che Qayin offrì del frutto della terra come offerta a YAHUAH. E Hebel offrì anche dei primogeniti delle sue pecore e del loro grasso. E YAHUAH guardò con favore Hebel e la sua offerta."

• Min (מן) perîy: Qayin offrì parte del frutto o del raccolto che aveva ottenuto.

• Min (מן) bekôrâh: Hebel offrì il meglio, la sua primogenitura.

Questo fu tutto l'affare; non bisogna complicarsi né cercare cinque zampe al gatto. Qayin non diede il meglio, Hebel diede il meglio; perciò Yahuah accettò il meglio. Qayin si riempì di gelosia e divenne il primo assassino dell'umanità, con il primo omicidio umano, e allo stesso tempo Hebel divenne il primo martire innocente a perdere la vita per la verità (dare il meglio a Yahuah).

1.7 Dopo il primo omicidio: epoca senza demoni né angeli vigilanti caduti

Anche dopo tutto questo, non esisteva ancora la malvagità che avvolge e consuma la creazione. Esisteva la conoscenza del male e, di conseguenza, ogni essere umano nato dalla creazione di Yahuah nasceva con quella conoscenza del bene e del male; e lasciandosi guidare dalle emozioni, aveva la facoltà di compiere il male. Tuttavia, in questa fase dell'umanità, non esistevano ancora né demoni né angeli vigilanti caduti, né malattie né tutte quelle calamità che sarebbero venute in seguito.

1.8 La prima invocazione del Nome di Yahuah

Passarono i tempi di Adam, i tempi di Seth, e poi i tempi di Enosh, discendente di Seth (non Enosh della discendenza di Qayin). Allora il nome di Êlôhîym fu invocato per la prima volta sulla terra.

Berēshîṯh (Genesi) - Capitolo 4: versetto 26:
"E anche a Shêth nacque un figlio, e chiamò il suo nome Ĕnôsh.
Allora gli uomini cominciarono a invocare il nome di YAHUAH."

Prestiamo molta attenzione per non confondere Enosh della linea di Sheth con Enosh della linea di Qayin; fu solo quando, dalla discendenza di Sheth, nacque Enosh che, per la prima volta, gli esseri umani cominciarono a invocare il nome di Yahuah. Non prima, e non dalla discendenza di Qayin. Passò la generazione di Qayin e di Mahalalel fino ad arrivare alla generazione di Yarad.

Capitolo 2
La Ribellione dei Vigilanti e la Corruzione della Terra

(Quando i figli del cielo scesero e seminarono malvagità fra gli uomini)

2.1 Gli angeli Vigilanti

(Gli emissari celesti inviati a istruire l'uomo)

Gli angeli Vigilanti furono inviati ai tempi di Yarad come ambasciatori celesti per insegnare le leggi di Êlôhîym all'umanità.

Yôbêl (Giubilei) - Capitolo 4: versetto 15: Nel secondo settenario del decimo giubileo, Mahălalêl prese per sé una donna, Diynâh, figlia di Barakîêl, figlia del fratello di suo padre, la quale gli partorì un figlio nel terzo settenario del sesto anno. Lo chiamò Yârad, perché ai suoi giorni gli angeli di Yahuah scesero sulla terra, i cosiddetti Vigilanti, per istruire i figli degli uomini e perché praticassero giustizia e rettitudine sulla terra.

Il vero scopo per cui Yahuah inviò gli angeli vigilanti sulla terra fu di insegnare le leggi di Yahuah, a operare in giustizia e rettitudine sulla terra. Tuttavia, prendendo forma umana, iniziarono ad avere gli stessi bisogni degli umani o creazione di Êlôhîym; si lasciarono tentare o istigare da altri angeli; i Vigilanti furono anch'essi tentati e caddero nella tentazione. Poiché vi erano alcuni angeli dietro di loro che cercavano di convincerli a compiere l'unica cosa che non potevano né avevano il permesso di fare: "generare né avere discendenza".

Chănôk (Enoc) Capitolo 69: Versetti 4–5: Il nome del primo è Yeqon: cioè colui che fece traviare tutti i figli di Êlôhîym, li fece scendere sulla terra e li fece errare mediante le figlie degli uomini. Il secondo si chiamava Asbeel: impartì cattivi consigli ai figli di Êlôhîym, li fece smarrire e contaminarsi, cosicché contaminarono i loro corpi con le figlie degli uomini.

Come possiamo vedere in questi versetti, i capi o leader nel causare la corruzione, istigando e ingannando i Vigilanti, furono Yeqon e Asbeel. Questi due capi di angeli, dei quali si menziona poco, furono la mente maestra dietro il piano o la seduzione che portò i Vigilanti a contaminarsi con le donne. Anche gli angeli Vigilanti furono ingannati a peccare. Ma perché?

Chănôk (Enoc) - Capitolo 6: versetto 6: Erano duecento in totale; quelli che discesero ai giorni di Yârad sulla cima del monte Chermôn, e lo chiamarono Monte Chermôn, perché avevano giurato e si erano impegnati mediante una maledizione reciproca pronunciata su di esso.

Fu ai tempi di -che gli angeli Vigilanti scesero sulla terra, e ancora a questo punto la depravazione o corruzione dell'umanità non era cominciata.

2.2 Il patto del monte Hermon

(Il giuramento di ribellione e la creazione dei nefelini).

Quando gli angeli Vigilanti vennero sulla terra a insegnare le leggi di Êlôhîym, presero forma umana, in modo che i loro corpi iniziassero ad avere gli stessi bisogni degli umani.

Tuttavia, l'unico divieto, o l'unica cosa non permessa agli angeli, era generare o procreare, perché sono eterni.

Ma questi angeli, convivendo con gli umani e vedendo la bellezza delle donne, e venendo convinti a sperimentare ciò che non è naturale, decisero tutti insieme — circa duecento in totale — di fare un giuramento sul monte Hermon per portare a compimento quel grande peccato.

Sapevano ed erano consapevoli che fosse un grande peccato; tuttavia, affinché nessuno si tirasse indietro, sigillarono il loro patto con una maledizione nella quale assicurarono il loro destino.

Volevano avere discendenza. Non bastava loro l'eternità: volevano anche procreare.

Questo sigillò non solo il destino di quel patto maledetto, ma anche il destino delle donne che acconsentirono a unirsi o a diventare compagne degli angeli.

Chănôk (Enoc) - Capitolo 6: versetti 3–6:
E Semyaza, loro capo, disse: «Temo che non accetterete di fare questo, e soltanto io dovrò pagare la pena di un grande peccato». Tutti gli risposero e dissero: «Facciamo un giuramento e impegniamoci, mediante una maledizione reciproca, a non abbandonare questo piano, ma a compierlo». Allora tutti giurarono insieme e si impegnarono, mediante una maledizione reciproca, a riguardo. Ed erano in totale duecento, i quali discesero ai giorni di Yârad sulla cima del monte Chermôn, e lo chiamarono Monte Chermôn, perché avevano giurato e si erano impegnati mediante una maledizione pronunciata reciprocamente su di esso.

Tutti sapevano chiaramente che era un grande peccato e che sarebbero stati puniti se avessero portato a termine i loro piani; ma, per assicurarsi che nessuno si tirasse indietro, decisero di fare un giuramento. Per noi umani può sembrare qualcosa di semplice, perché abbiamo la cattiva abitudine di giurare e non mantenere, ma gli angeli sanno che un giuramento è qualcosa che non si rompe e che si compie a prescindere da quale sia tale giuramento.

Per questo sigillarono i loro piani sotto maledizione reciproca per realizzare questo piano senza tornare indietro.

E se qualcuno ancora non comprende il perché di tutto questo piano e quale fosse l'obiettivo, è semplice, già ve l'ho detto più volte. Gli angeli non possono generare né procreare, cioè non possono avere figli né lignaggio o discendenza; questo è un dono dato solo all'uomo e questo era l'obiettivo degli angeli vigilanti: crearsi una discendenza o un lignaggio per sé, sperimentando l'abilità unica data all'uomo di unirsi a una donna e procreare.

2.3 Inizio della malvagità e della corruzione

(La nascita degli ibridi e la corruzione totale dell'umanità)

Solo l'uomo ha la facoltà di procreare o generare, e solo l'uomo dà origine alla vita di una creatura, la quale nasce con quella connessione o spirito che la unisce con Êlôhîym. Come Êlôhîym soffiò quello spirito al momento di creare l'uomo, l'uomo, generando, condivide quello spirito con la nuova creatura, e questa nasce con quel vincolo con Êlôhîym.

Tuttavia, gli angeli, non avendo quello spirito creatore — perché non furono fatti per generare —, non possono trasmettere il loro spirito a nessuna creatura.

Non possono generare nessuno con lo spirito di Êlôhîym.

Chănôk (Enoc) - Capitolo 7: versetti 1–6:
E tutti gli altri, insieme con loro, presero donne, e ciascuno scelse per sé una donna, e iniziarono a giacere con loro e a contaminarsi con loro, e insegnarono loro incantesimi e sortilegi, e a tagliare radici, e insegnarono loro le piante. Ed esse rimasero incinte, e partorirono un grande nephîyl, la cui statura era di tremila anas: costui consumò tutte le acquisizioni degli uomini. E quando gli uomini non poterono più sostenerli, il nephîyl si rivolse contro di loro e divorò l'umanità. E cominciarono a peccare contro uccelli, bestie, rettili e pesci, e a divorarsi le carni l'un l'altro e a bere il

sangue. Allora la terra accusò i malvagi.

I nephîyl sono quelli che conosciamo come nefelini, dei quali si menzionano solo i giganti, perché furono i più famosi. Questi iniziarono la loro espansione in modo tale da consumare tutte le risorse che avevano gli uomini e, poiché gli uomini non potevano più soddisfare i loro bisogni, i nefelini si rivolsero a divorare (cioè a mangiare letteralmente) gli uomini e tutto ciò che c'era nella creazione. Allo stesso modo iniziarono a peccare (accoppiarsi o mutarsi) con gli uccelli (uccelli ibridi), bestie (centauri...), rettili, pesci... e, quando non ebbero più nulla da corrompere, iniziarono a combattere o a divorarsi tra loro; e, per di più, bevevano il sangue di ogni essere vivente (origine della pratica di mangiare o bere sangue). Uccisero ed sterminarono tutta la creazione, e allora tutto quel sangue innocente li accusò davanti a Yahuah.

Quando le donne diedero alla luce i figli degli angeli Vigilanti, il risultato furono creature ibride che avevano parte del gene umano — cioè il gene della donna — e parte del gene angelico — il gene degli angeli.

Ma, poiché gli angeli non possiedono il gene dell'uomo per generare creature con lo spirito di Êlôhîym, i figli nati dall'unione tra le donne e gli angeli Vigilanti erano totalmente corrotti e malvagi.

Chănôk (Enoc) - Capitolo 106: versetto 17:
E produrranno sulla terra nefelini, non secondo lo spirito, ma secondo la carne; vi sarà un grande castigo sulla terra, e la terra sarà purificata da ogni impurità.

Essi non possedevano quel "chip" di connessione con Yahuah; non erano esseri spirituali capaci di connettersi né con Yahuah né con nulla di buono: erano esseri totalmente carnali.

Bârûk (Baruc) - Capitolo 3: versetti 27–28:
Yahuah non li scelse né diede loro la via della conoscenza; ma

furono distrutti per mancanza di sapienza e perirono per la loro stessa stoltezza.

Chănôk (Enoc) - Capitolo15: versetti 8–12:
E ora, i nefelini, che sono il prodotto degli spiriti e della carne, saranno chiamati spiriti maligni sulla terra, e sulla terra sarà la loro dimora. Gli spiriti maligni sono proceduti dai loro corpi; poiché sono nati dagli uomini, e dai vigilanti qadôsh proviene la loro origine primordiale; saranno spiriti maligni sulla terra, e saranno chiamati spiriti maligni. Quanto agli spiriti di shâmayim, in shâmayim sarà la loro dimora, ma quanto agli spiriti della terra che nacquero sulla terra, sulla terra sarà la loro dimora. E gli spiriti dei nefelini affliggono, opprimono, distruggono, attaccano, combattono, causano distruzione sulla terra e causano problemi. Non mangiano, ma nondimeno hanno fame e sete, e causano offese. E questi spiriti si leveranno contro i figli degli uomini e contro le donne, perché da loro procedono.

Nacquero giganti, ma non solo giganti; anche nani, elfi, centauri... tutte quelle creature ibride che ci è stato detto essere fantascienza.

Ma non lo furono: furono esseri reali che esistettero, deformi in tutte le loro forme e malvagi fino all'estremo.

Yôbêl (Giubilei) - Capitolo 7: versetto 22:
E generarono figli, i Nafidim, e tutti erano diversi, e si divorarono l'un l'altro; e i Nephilim uccisero i Nafilim, e i Nafilim uccisero gli Elios, e gli Elios l'umanità, e gli uomini l'un l'altro.

2.4 Esseri Ibridi nelle Mitologie del Mondo

Questa "tabella" confronta i principali esseri ibridi delle mitologie del mondo, mostrando la loro origine culturale, descrizione, significato simbolico e possibili paralleli con i Nephilim o i Vigilanti menzionati nelle Scritture. (Resa come elenco, come richiesto.)

• Ebraica / Apocrifa — Nefelín / Gibborim — Giganti, figli dei "figli di Êlôhîym" e donne umane — Corruzione della creazione; tiranni potenti — Parallelo diretto: origine di lignaggio ibrido

• Mesopotamica — Apkallu (Vigilanti / Abgal) — Parte umana, parte pesce o uccello — Insegnarono conoscenza proibita; poi puniti — Essere caduti simili ai Vigilanti di Enoc

• Mesopotamica — Lamasu / Shedu — Testa umana, corpo di toro o leone alato — Guardiani di templi e portali — Resti dei "potenti" ibridi

• Egizia — Anubis — Corpo umano, testa di sciacallo — Guardiano dei morti — Ibrido uomo-animale legato alla morte

• Egizia — Horus — Corpo umano, testa di falco — Dio del cielo, figlio di Iside e Osiride — Simbolo di mescolanza divina-umana

• Egizia — Thoth — Corpo umano, testa di ibis — Dio della sapienza e della scrittura — Eco degli angeli caduti che insegnarono arti proibite

• Greca — Centauro — Metà uomo, metà cavallo — Conflitto tra istinto e intelletto — Corruzione ibrida della creazione

• Greca — Minotauro — Corpo d'uomo, testa di toro — Risultato di unione innaturale — Allegoria diretta della nascita ibrida proibita

• Greca — Satiro / Fauno — Metà uomo, metà capra — Lussuria, musica, caos — Parallelo alla corruzione sessuale dei Vigilanti

• Greca — Chimera — Leone, capra e serpente combinati — Mostro del caos — Simbolo di vita ibrida innaturale

• Greca — Sirene — Donne con corpo di pesce o di uccello — Seduttrici, ingannatrici — Spiriti ibridi dell'inganno

• Greca / Egizia — Sfinge — Testa umana, corpo di leone — Guardiana di segreti e portali — Ibrido guardiano della conoscenza proibita

• Nordica / Germanica — Uomini lupo / Berserker — Trasformazione uomo-animale — Furia, perdita di controllo — Possessione o corruzione nefelina

• Nordica / Jotnar — Giganti (Jotunn) — Discendenti di dèi e giganti — Caos e ribellione contro l'ordine divino — Eco nordico dei Nephilim

• Indù / Vedica — Narasimha — Metà leone, metà uomo — Incarnazione divina per fare giustizia — Versione divina di ibrido redentore

• Indù / Vedica — Garuda — Metà uomo, metà aquila — Vimana di Vishnu, nemico dei serpenti — Resto di mescolanza divino-animale

• Indù / Vedica — Kinnara / Gandharva — Esseri celesti in forma di uccello o cavallo — Musicisti divini — Paralleli ai "figli del cielo"

• Indù / Vedica — Makara — Bestia acquatica ibrida — Veicolo di dèi delle acque — Simbolo di mescolanza fra regni

• Cina / Asia Orientale — Re Draghi — Umani-drago — Guardiani di mari e clima — Eco di esseri caduti che governano la natura

• Giapponese — Tengu — Umano con testa di corvo — Spiriti guerrieri, maestri di arti proibite — Vigilanti che insegnano conoscenza proibita

• Mesoamericana — Quetzalcóatl — Serpente piumato — Dio della sapienza e della creazione — Parallelo del "serpente della conoscenza"

• Africana — Mami Wata / Sirene — Metà umana, metà pesce —

Seduttrici, associate a ricchezza e inganno — Influenza vigilante seduttrice

• Celtica / Nordica — Selkies — Trasformazione tra umano e foca — Doppia natura, tragedia — Simbolo di identità ibrida

• Filippina / Asiatica — Tikbalang — Corpo umano, testa di cavallo — Trickster, spirito ingannevole — Parallelo demoniaco ibrido

Quasi tutte le culture antiche descrivono esseri metà umani e metà animali, spesso legati a unioni proibite, punizioni divine o sapienza corrotta. Queste storie riflettono l'eco del racconto di Genesi 6 e di Enoc sui Nephilim e i Vigilanti. Le Scritture non mentono: siamo noi i ciechi che non vediamo la realtà e il remanente nefelino nel mondo intero.

Questi esseri malvagi corrompevano tutta la creazione di Yahuah, unendosi a bestie, rettili e uccelli, creando una serie di deformità nella creazione — totalmente ibride e malvagie —.

Una creazione che non faceva parte dell'opera di Yahuah, ma una creata sulla terra - tuttavia malvagia nella sua totalità -, originata dalle donne e dagli angeli Vigilanti.

Cominciarono a divorare la creazione di Yahuah Êlôhîym fino a quasi consumarla completamente.

E quando non rimasero molti umani da divorare, iniziarono a divorarsi tra loro.

Il peccato, per la prima volta, giunse a una scala tale da la presenza di Yahuah Êlôhîym fu allertata.

2.5 Chănôk (Enoc) e il Patto della Purezza

(La nascita dell'uomo che camminò con Yahuah e fu portato via senza vedere la morte)

Allora Yahuah inviò la nascita di un uomo straordinario nell'umanità: Enoc, che fu messo da parte da Yahuah Êlôhîym per la sua purezza.

Yahuah pronunciò sentenza contro gli angeli Vigilanti che peccarono e si corruppero, coloro che disprezzarono il loro stato di eternità nei cieli; usando Chănôk come strumento.

Ordinò di dire loro che, per la moltitudine dei loro peccati, non avrebbero mai più potuto parlare con Yahuah Êlôhîym — "comunicazione totalmente interrotta" — né alzare gli occhi ai cieli a causa della discendenza maledetta da loro creata.

Dichiarò loro che, così come si erano compiaciuti nella loro creazione malefica, avrebbero visto tutti i loro figli maledetti essere divorati e annientati, ed essi, come padri, avrebbero contemplato la distruzione dei loro amati figli senza poter fare nulla.

Allora i Vigilanti supplicarono Enoc, l'umano, di intercedere per loro davanti a Yahuah Êlôhîym; ma Yahuah ordinò di dire loro che nessuna richiesta sarebbe stata ascoltata e che non ci sarebbe stata redenzione, perdono né misericordia per il loro grande peccato né per quello dei loro figli.

Chănôk (Enoc) - Capitolo 13: versetto 5:
Poiché da allora non poterono più parlare con lui né alzare lo sguardo allo shâmayim, vergognandosi per i peccati per i quali erano stati condannati.

Chănôk (Enoc) - Capitolo 14: versetti 4–7:
...la loro petizione non sarà loro concessa per tutta l'eternità, e il giudizio è caduto su di voi: sì, la vostra petizione non vi sarà concessa. E d'ora in avanti non salirete allo shamayim per tutta l'eternità, e nei legami della terra è stato promulgato il decreto per legarvi per tutti i giorni del mondo. E che prima avrete visto la distruzione dei vostri amati figli e non vi compiacerete in loro,

*ma cadranno davanti a voi di spada. E la vostra petizione per
loro non sarà concessa, neppure la vostra per voi stessi, anche se
piangerete, pregherete e pronuncerete tutte le parole contenute
nello scritto che ho scritto.*

Chănôk (Enoc) - Capitolo 15: versetto 2:
*E va' e di' ai Vigilanti dello Shamayim, che ti hanno mandato a
intercedere per loro: voi dovete intercedere per gli uomini, e non
gli uomini per voi.*

Gli angeli Vigilanti che prima avevano le loro dimore con Yahuah
Êlôhîym ora non possono neppure alzare gli occhi al cielo per il
grande peccato che hanno commesso. Gli angeli furono creati per
intercedere per gli uomini, ma è accaduto qualcosa di incredibile:
quegli stessi angeli che prima intercedevano per gli uomini ora
vanno dall'uomo (Chănôk) perché interceda per loro.

Scrivono le loro petizioni e le consegnano a Chănôk affinché sia
l'umano a presentarle a Yahuah Êlôhîym, ma il peccato era già
stato consumato e anche la sentenza. Nessuna petizione per
misericordia né perdono per i loro peccati, tantomeno per i figli
malvagi che generarono, sarebbe stata mai ascoltata.

Anzi, prima che gli angeli Vigilanti fossero incarcerati in prigioni
oscure, avrebbero visto i loro figli essere sterminati e nulla
avrebbero potuto fare. I loro figli amati sarebbero stati sterminati
ed essi avrebbero assistito a tale esecuzione senza poter muovere
un dito. Volevano che i loro figli amati vivessero per sempre, che
avessero accesso all'eternità: questo fu il desiderio degli angeli
Vigilanti.

Chănôk (Enoc) - Capitolo 12: versetti 4–6:
*Enoc, scriba di giustizia, va' e dichiara ai Vigilanti dello
Shamayim che hanno abbandonato l'alto Shamayim, il luogo
eterno del Qadôsh, e si sono contaminati con donne, e hanno fatto*

come i figli della terra, e hanno preso donne per sé: hanno causato grande distruzione sulla terra; e non avranno pace né perdono dei peccati. E poiché si dilettano nei loro figli, vedranno la morte dei loro amati, e si lamenteranno per la distruzione dei loro figli, e supplicheranno per l'eternità, ma non otterranno misericordia né pace.

Capitolo 3
Umanità caduta, terra corrotta,
giudizio imminente

Quando la malvagità dell'uomo giunse alla sua pienezza e la terra si riempì di violenza)

3.1 Stato dell'umanità prima del Diluvio

Questo è lo stato dell'umanità dopo la nascita dei figli delle donne e degli angeli vigilanti, quelli che conosciamo come nefelini.

Yôbêl (Giubilei) - Capitolo 5: versetti 2–5:

E la sfrenatezza si diffuse sulla terra, e ogni carne corruppe la sua via: uomini, bestiame, fiere, uccelli e tutto ciò che cammina sulla terra. Tutti corromsero le loro vie e i loro ordini, e cominciarono a divorarsi gli uni gli altri. La sfrenatezza si diffuse sulla terra, e ogni immaginazione degli uomini era continuamente malvagia. Êlôhîym guardò la terra, ed ecco che era corrotta, e ogni carne aveva corrotto i suoi ordini, e tutti coloro che erano sulla terra avevano compiuto ogni sorta di malvagità davanti ai suoi occhi. E disse che avrebbe distrutto l'uomo e ogni carne dalla faccia della terra che egli aveva creato.

Analizziamo alcuni punti del testo, per vedere se davvero comprendiamo ciò che sta accadendo e che cosa è realmente successo — non ciò che immaginiamo o che ci è stato detto, ma ciò che dicono realmente le Scritture.

Abbiamo appena visto che i nefelini stavano sterminando o divorando gli umani (creazione di Yahuah). I nefelini furono quelli che si corromsero e si contaminarono con uomini, bestiame, fiere, ecc. Non fu l'uomo creato da Yahuah: fu la creazione delle donne e degli angeli vigilanti. E questa immaginazione o pensiero continuamente volto al male è il pensiero nefelino (non hanno il gene dello spirito di Yahuah); i nefelini agirono e corromperono tutta la creazione.

Il motivo della distruzione o del giudizio di sterminio non ha a che vedere con gli umani che Yahuah Êlôhîym creò: ha a che vedere con la razza diabolica creata dalle donne e dagli angeli vigilanti.

3.2 Nascita di Nôach

Nato sotto segni celesti per spezzare la maledizione dei Vigilanti e rinnovare la discendenza santa

Chănôk (Enoc) - Capitolo 106: versetti 1–3:

Alcuni giorni dopo, mio figlio Metushelach prese una donna per suo figlio Lemek, ed ella rimase incinta di lui e partorì un figlio. Il suo corpo era bianco come la neve e rosso come il fiore di una rosa; i suoi capelli e le sue lunghe trecce erano bianchi come la lana, e i suoi occhi bellissimi. Aprendo gli occhi, illuminò tutta la casa come il sole, e tutta la casa risplendette. Poi si alzò nelle mani della levatrice, aprì la bocca e conversò con Yahuah Tsedâqâh.

Questa è la nascita più incredibile che io abbia visto nelle Scritture, la nascita di Nôach (Noè). Il padre Lemek arrivò perfino a scappare perché pensò che non fosse suo figlio, per il modo così sorprendente in cui nacque; ma egli aveva uno scopo chiaro da parte di Yahuah. Il bambino nacque e immediatamente nacque parlando con Yahuah. Credo che anche io scapperei davanti a una cosa del genere.

Chănôk (Enoc) - Capitolo 106: versetti 15–16–18:

Sì, verrà una grande distruzione su tutta la terra, e ci sarà un diluvio e una grande distruzione per la durata di un anno. E questo figlio che ti è nato rimarrà sulla terra, e i suoi tre figli saranno salvati con lui. Quando tutta l'umanità sulla terra morirà, egli e i suoi figli saranno salvati. E ora fa' sapere a tuo figlio Lemek che colui che è nato è davvero suo figlio, e chiama il suo nome Nôach (Noè); perché ti sarà lasciato, ed egli e i suoi figli saranno salvati dalla distruzione che verrà sulla terra a causa di tutto il peccato e di tutta l'ingiustizia che si compirà sulla terra nei suoi giorni.

Questa è la profezia della nascita di Nôach, che poi sarebbe diventato il padre di tutta l'umanità.

3.3 Annuncio del Diluvio

(Yahuah decreta giudizio contro la creazione maledetta)

Yahuah suscitò allora un'altra creatura: Nôach, che fu eccezionale fin dalla nascita, totalmente puro. Nacque parlando e adorando Yahuah dal suo primo istante di vita; il suo volto era come quello di un angelo, radiante e luminoso.

Berēshīṯh (Genesi) - Capitolo 6: versetti 13–17–18:

E disse ĔLÔHÎYM a Nôach: «La fine di ogni carne è venuta davanti a me; perché la terra è piena di violenza a causa loro; ed ecco, io li distruggerò con la terra. Ed ecco, io porto un diluvio di acque sulla terra, per distruggere ogni carne in cui vi sia rûach di vita sotto il cielo; tutto ciò che è sulla terra morirà. Ma stabilirò il mio patto con te, ed entrerai nell'arca tu, e i tuoi figli e tua moglie, e le mogli dei tuoi figli con te».

«Perché la terra è piena di violenza a causa loro». Vediamo se stiamo leggendo ciò che dice Berēshīth (Genesi): a causa di chi? A causa dei nefelini. Se leggi il contesto del capitolo ti accorgerai che la narrazione è chiara: quella violenza e malvagità non è dovuta all'essere umano che Yahuah creò; è dovuta ai nefelini, razza maledetta e creazione aberrante che venne dalla donna e dagli angeli vigilanti. Yahuah sta salvando l'unica cosa che rimane pura di tutta la Sua creazione, perché il resto era stato completamente divorato dai nefelini.

E lo ripeto ancora una volta, per vedere se comprendiamo: la distruzione, la malvagità non è per l'umano creato da Yahuah; è per l'essere ibrido creato dalle donne e dagli angeli vigilanti, cioè per i nefelni.

Yôbêl (Giubilei) - Capitolo 5: versetti 21–22:

E gli ordinò di costruirgli un'arca per salvarsi dalle acque del diluvio. E Noè fece l'arca in ogni suo aspetto, proprio come gli aveva ordinato, nel ventisettesimo giubileo di anni, nel quinto settenario del quinto anno, all'inizio del primo mese.

Yahuah comandò a Nôach di costruire l'arca perché avrebbe distrutto quella creazione maledetta — non la sua creazione umana, bensì la creazione maledetta, i figli delle donne e degli angeli Vigilanti.

3.4 Le Barche dei Nefelini

(Prima del Diluvio, i figli dei Vigilanti tentarono di sfuggire al decreto divino con le proprie imbarcazioni)

N on è un segreto il diluvio: gli angeli Vigilanti conoscevano il giudizio decretato e mandarono i loro figli a costruire barche.

Le barche o navi dei nefelini — figli degli angeli Vigilanti — contenevano metallo, mentre l'arca che Yahuah comandò a Nôach di costruire era completamente di legno.

Nôach costruì un'arca, ma i nefelini costruirono centinaia di navi per tentare di sfuggire al giudizio che era stato decretato contro quella creazione maledetta, completamente corrotta, che aveva distrutto tutta la creazione di Yahuah.

Nel libro occulto (The Lost Book of Enki), (NON BIBLICO), si può trovare il racconto o episodio in cui gli Anaqiy o Anunnaki costruiscono molte navi tentando di far fuggire i loro figli nefelini, e tutti furono annegati, tranne uno.

«Il proposito della barca, un segreto degli Anunnaki, deve rimanere con voi!» Pagina 170 — «Scendiamo in Turbine dalle barche celesti sulla cima di Arrata», pagina 175 — «Nei loro Turbine sorvolarono l'altra cima di Arrata, videro la barca di Ziusudra, e presso l'altare che egli aveva costruito sbarcarono».

Prima di tale distruzione, Yahuah decise di portare via Chănôk nel giardino dell'Eden o in paradiso in vita, con uno scopo profetico per la fine dei tempi.

Morirono tutte quelle generazioni prima del diluvio: la generazione di Yarad, di Chănôk, Methûshâêl e Lemek; rimase solo la generazione di Nôach, sua moglie, i suoi figli e le mogli dei suoi figli: otto persone in totale.

Tutto il resto dell'umanità era corruzione completa dei Nefelini, discendenti delle donne e degli angeli Vigilanti — malvagi in toto e senza il "chip" di connessione spirituale per avvicinarsi a Yahuah, portando soltanto il chip carnale, diabolico e distruttore —.

3.5 Diluvio

(La purificazione della terra e il salvataggio del lignaggio puro di Nôach)

Il diluvio fu mandato e tutta quella razza maledetta fu sterminata — o, meglio, quasi tutta quella razza.

Yôbêl (Giubilei) - Capitolo 7: versetti 21–24:

Poiché a causa di queste tre cose venne il diluvio sulla terra, cioè a causa della fornicazione con cui i Vigilanti, contro la legge delle loro ordinanze, si prostituirono con le figlie degli uomini e presero donne fra tutte quelle che scelsero; e così diedero origine all'impurità. E generarono figli, i Nafidim, e tutti erano diversi, e si divoravano a vicenda; e i Nefiliniuccisero i Nafilis, e i Nafilis uccisero gli Eliot, e gli Eliot l'umanità, e gli uomini l'un l'altro. E ciascuno si diede all'iniquità e a versare molto sangue, e la terra si riempì di iniquità. E dopo questo peccarono contro le fiere, e contro gli uccelli, e contro tutto ciò che si muove e cammina sulla terra; e molto sangue fu sparso sulla terra, e ogni disegno e desiderio degli uomini immaginava continuamente vanità e malvagità.

Riepilogo delle tre cause:

☐ Unione dei Vigilanti con le donne.

☐ Generarono figli impuri – diversi per forme e dimensioni. Origine dell'impurità.

☐ Il peccato di quelle creature contro tutta la creazione.

Nôach e la sua famiglia, otto membri in totale, furono gli unici sopravvissuti della razza umana pura e creazione di Yahuah, insieme con tutte le specie di animali che furono preservate nell'arca con Nôach. Ma...

3.6 Una una famiglia dei nefelini che sopravvisse al diluvio

(L'origine dei regni nefelini dopo il diluvio)

Ciò che non ti hanno mai detto né espresso è che, delle centinaia di navi dei nefelini, tutte furono annegate e distrutte tranne una famiglia di nefelini che sopravvisse al diluvio, la cui barca si arenò sui monti di Ararat, in Turchia.

Il figlio del dio extraterrestre — o, meglio, del demone o angelo vigilante che si corruppe— conosciuto come Enki, insieme a suo figlio e alla sua famiglia, sopravvissero.

Tuttavia, l'arca di Nôach si arenò in un'altra parte dei monti, confinante con l'Armenia, o meglio, dall'altro lato dei monti di Ararat, sulla cima più alta del mondo, conosciuta come Monte Lubar, dentro le catene dell'Himalaya, ciò che oggi conosciamo come il Monte Everest.

> *Yôbêl (Giubilei) -Capitolo 5: versetto 28: E l'arca andò e si posò sulla cima del Lûbâr, uno dei monti di Ărârạṭ.*

Giubilei dice lo stesso che Berēshīṯh: sui monti di Ararat, indicando in modo preciso la cima del Lubar. Vediamo cos'è il Lubar o dove si trova.

> *Berēshīṯh (Genesi) -Capitolo 8, versetto 4: E l'arca si posò nel settimo mese, il diciassettesimo giorno del mese, sui monti di Ărârạṭ (טַרָרָא).*

Bereshith ti dice che l'arca di Nôach si arenò sui monti -plurale
, non uno solo monte) Ararat, intendendo che si tratta di una
regione montuosa;e precisa che si trovava sulla più alta montagna
conosciuta dall'umanità

Berēshīṯh (Genesi)- Capitolo 7: versetto 19:

*E le acque prevalsero grandemente sulla terra; e tutti i monti alti
che erano sotto tutti i cieli furono coperti.*

*La confusione sta nel plurale delle parole; è questo lo strumento
di menzogna che il nemico ha usato per confondere e occultare il
luogo dove si arenò l'arca dei nefelini (monte Ararat) e non l'arca
di Nôach.*

*«Il Monte Ararat si trova nell'estremo orientale della Turchia,
molto vicino ai confini con Armenia e Iran.»*

Vediamo un'evidenza storica dell'esistenza del Lubar. «Il gruppo
di Mummery aveva attraversato questo passo di Mazeno, a 5.400
metri, ed era sceso a Lubar, alla testata della valle di Bunar.
Pagina 11. Alla fine, il resto di noi si unì a Collie e Raghobir e
tutti scendemmo per il ghiacciaio di Lubar, circa 2.100 metri sotto
il passo, fino all'insediamento dei pastori nell'Alpe di Lubar, per
così dire. Pagina 14. Il giorno che passai costeggiando la grande
cresta che mi separava dall'Alpe di Lubar non fu affatto monotono.
Pagina 15».

Ricordiamo che il Lubar appartiene alla catena
himalayana:comprendiamo quindi che si estende fino ai confini
con la Turchia e l'Armenia (parte della grande catena degli Alpi-
Himalaya). Esistono molte montagne alte ai confini di Cina, India
e Nepal (dove si arenò l'arca di Nôach), esattamente nell'Everest,
che è il monte o montagna più alta del mondo; benché esistano

più di cento montagne alte, quella è la più alta del mondo.

Ărârat̞, o meglio Armenia: una regione montuosa dell'est dell'Armenia, tra il fiume Araxes e i laghi Van e Oroomiah, il luogo dove si posò l'arca di Noè.

L'Armenia è situata nel sud della Transcaucasia e copre la parte nord-orientale degli altipiani armeni (situati nella catena degli Alpi-Himalaya). L'Armenia non ha sbocco al mare e confina a nord con la Georgia, a est con Azerbaigian, a ovest con Turchia e a sud con Iran. Dal tardo Medioevo (1492), l'Ararat dell'arca è stato identificato con l'attuale monte Ararat in Turchia.

Come vedete,tutto ciò fa parte della grande opera di menzogna e inganno dei discendenti dei nefelini, che solo a partire dal 1492 iniziano la campagna del grande inganno, predicando e insegnando l'arca dei nefelini come se fosse quella di Nôach, quando in realtà è l'arca dei demoni che hanno insegnato.

L'Himalaya (dal sanscrito हिमालय, himālaya [pr. jimaalaia], dove hima, 'neve', e ālaya, 'dimora', 'luogo') è una catena montuosa situata nel continente asiatico, e si estende attraverso vari paesi: Bhutan, Nepal, Cina, Birmania, India e Pakistan.

È la catena montuosa più alta della Terra, con 8.850 m s.l.m. di altezza, secondo la misurazione più recente, pubblicata nel dicembre 2020. Ci sono più di cento cime che superano i 7.000 metri e quattordici cime oltre 8.000 metri di altezza. Ma solo una soddisfa la descrizione biblica della cima più alta del mondo: «Il Monte Everest o Éverest è la montagna più alta della superficie del pianeta Terra, con un'altitudine di 8.848,86 metri (29.032 piedi) sul livello del mare».

Capitolo 4

Ombre senza corpo che vagano per la terra dai giorni del Diluvio

(i figli del caos che tormentano l'umanità)

4.1 Demoni o angeli malvagi

(Gli spiriti erranti nati dall'unione proibita)

Quando furono sterminati tutti i figli delle donne con gli angeli Vigilanti — cioè i nefelini —, questi, non essendo parte della creazione, non avevano un luogo dove andare né dove riposare.

Gli uomini hanno la loro dimora sulla terra e, morendo, vanno al loro luogo di riposo; gli angeli non muoiono.

Ma tutti questi ibridi, una volta morti, si trasformarono in ciò che oggi conosciamo come spiriti maligni o demoni.

L'unione delle donne con gli angeli Vigilanti generò una razza deforme e completamente malvagia, che fu quasi annientata nella sua totalità.

Gli spiriti di questi morti, non avendo luogo in nessuna parte della creazione, rimasero a vagare sulla terra: essi sono gli spiriti maligni o demoni.

Questi furono creati sulla terra, pertanto la loro dimora è sulla terra.

Furono creati da umani (donne e angeli Vigilanti), e per questo tormentano la razza umana. Non mangiano né bevono, ma hanno sempre fame e sete.

Chănôk (Enoc) – Capitolo 15: versetti 8–12:

E ora, i nefelini, che sono il prodotto degli spiriti e della carne, saranno chiamati spiriti maligni sulla terra, e sulla terra sarà la loro dimora. Gli spiriti maligni procedono dai loro corpi, perché sono nati da umani e dai santi Vigilanti è il loro inizio e origine primordiale. Saranno gli spiriti maligni sulla terra e saranno chiamati spiriti maligni. Gli spiriti del cielo hanno la loro casa nel cielo e gli spiriti della terra che furono generati sulla terra hanno la loro casa sulla terra. E gli spiriti dei giganti, dei Nefelini, che affliggono, opprimono, invadono, combattono e distruggono sulla terra e causano pene, essi, benché non mangino, hanno fame e sete e causano danni. Questi spiriti si leveranno contro i figli degli uomini e contro le donne, perché da loro procedono.

Questi sono i precursori di ogni malvagità e di ogni malattia nella razza umana.

Prima di questa aberrazione o creazione maledetta, prima della morte di questi esseri ibridi e malvagi, non esistevano i demoni né le malattie.

Tutte furonointrodotte dai demoni, frutto dell'unione delle donne con gli angeli Vigilanti, i quali, volendo creare la propria discendenza, generarono la peggiore aberrazione che sterminò la razza umana e porrà fine, ancora una volta, a questa creazione.

4.2 Qual è la perdizione dell'umanità?

(La causa dietro la caduta dell'uomo)

L'umanità continua a essere ipnotizzata e affascinata dagli insegnamenti e dalle supposte scienze dei Vigilanti. E in molti casi, anche fratelli in Yahuah, non comprendono che la causa di ogni distruzione furono quegli insegnamenti; e che, alla fine, quegli stessi insegnamenti porteranno alla distruzione col fuoco.

Chănôk (Enoc) – Capitolo 10: versetti 7–8–15:

E guarisci la terra che gli angeli hanno corrotto, e proclama la guarigione della terra, affinché possano essere sanate le piaghe, e affinché tutti i figli degli uomini non periscano a causa di tutti i misteri che i Vigilanti hanno rivelato e insegnato ai loro figli. E tutta la terra è stata corrotta dalle opere che Ăzâzêl insegnò: a lui attribuisci ogni peccato. E distruggerai tutti gli spiriti dei reprobi e i figli dei Vigilanti, perché hanno fatto male all'umanità.

Chănôk (Enoc) – Capitolo 16:versetto 3:

Sono stati nello shamayim, ma non erano ancora stati rivelati loro tutti i misteri, e conoscevano alcuni senza valore, e con la durezza del loro cuore li hanno fatti conoscere alle donne, e mediante questi misteri, donne e uomini causano molto male sulla terra.

Chănôk (Enoc) – Capitolo 19: versetto 1:

E Ûrıyêl mi disse: Qui staranno gli angeli che si sono uniti alle donne, e i loro spiriti, adottando diverse forme, stanno contaminando l'umanità e la svieranno affinché sacrifiche a demoni come dèi. Qui rimarranno fino al giorno del gran giudizio, nel quale saranno giudicati fino al loro sterminio.

Chănôk (Enoc) – Capitolo 65: versetto II:

E questi non hanno luogo di pentimento per sempre, perché hanno rivelato ciò che è occulto, e sono i condannati. Ma quanto a te, figlio mio, Yahuah dei Ruach sa che sei puro e innocente di questo biasimo concernente i segreti.

Non credo che le Scritture possano essere più chiare - o siamo noi che non vogliamo vedere né capire? Tutte queste supposte scienze e insegnamenti che non erano destinati all'uomo e che furono insegnati dai Vigilanti e dalle loro donne, tutti conducono alla stessa via: distruzione.

4.3 Maśṭêmâh attraverso le generazioni

(L'angelo del giudizio e la prova dell'uomo)

Maśṭêmâh è un angelo potente menzionato nelle Scritture, del quale poco è stato rivelato, e attorno al quale esistono molte confusioni e insegnamenti distorti.

Per molto tempo si è detto che non fu lui a ingannare Chawwâh (Eva) nel giardino, ma un altro essere chiamato Gadreel o Gadriel.

Tuttavia, osservando più a fondo gli scritti antichi, emerge la possibilità che entrambi i nomi si riferiscano al medesimo spirito ribelle — colui che si levò contro la verità fin dal principio, seminando la corruzione nella creazione di Yahuah.

Chi è questo personaggio e perché è importante conoscerlo? Nelle Bibbie tradizionali questo personaggio è stato completamente occultato, ma in realtà ha un ruolo che tutti dovremmo conoscere.

La sua prima menzione come tale si trova nel Libro di Osea, e ovviamente per vederlo bisogna guardare l'ebraico originale o leggerlo in Dabar Yahuah – Escrituras Yahuah.

Hôshêa (Osea) – Capitolo 9: Versetti 7–8:

Vennero i giorni della visitazione, vennero i giorni della paga; lo conoscerà Yâshârêl: stolto il profeta, insensato l'uomo di rûach, a causa della moltitudine della tua malvagità, e il principe Maśṭêmâh (הַמַּשְׂטֵמַ). Vigilante è Ephrayim verso il mio ĔLÔHÎYM: il profeta è laccio di cacciatore in tutte le sue vie, Maśṭêmâh (הַמַּשְׂטֵמַ) nella casa del suo ĔLÔHÎYM.

Leggendo l'intero contesto di questo capitolo comprenderete che Yahuah sta decretando il suo giudizio per la moltitudine della malvagità e per il principe Maśṭêmâh, perché lo tengono nella casa di Êlôhîym usurpando il posto di Êlôhîym.

Maśṭêmâh:significa inimicizia o odio. Tuttavia, questo è un personaggio reale che appare in tutte le Scritture.

Nel Libro dei Giubilei si menziona Maśṭêmâh come il capo degli spiriti maligni che sopravvissero al Diluvio, colui che chiese permesso a Yahuah di mettere alla prova gli uomini e sviare dal cammino della giustizia.

D'altra parte, nel Libro di Chănôk (Enoc) è nominato Gadreel come colui che sedusse Chawwâh e insegnò agli uomini l'arte della guerra e della distruzione.

Entrambi sono descritti come istigatori del male, nemici della verità e portatori di conoscenza corrotta.

Perciò, non è azzardato pensare che Maśṭêmâh e Gadreel siano il medesimo spirito manifestato sotto nomi diversi, compiendo la stessa missione: ingannare, distruggere e opporsi al proposito eterno di Yahuah dal principio alla fine.

Esaminiamo ora le menzioni nelle Scritture per uscire dall'inganno e dalla cecità, ecomprendere chi è Maśṭêmâh e qual è il suo vero ruolo nell'umanità.

4.4 Maśṭêmâh e i suoi seguaci

(Il capo degli spiriti caduti che ancora si aggirano sulla terra)

Maśṭêmâh è l'angelo incaricato di tutti gli spiriti maligni o demoni — il 10% che chiese permesso a Yahuah — e continua ad aggirarsi sulla terra.

Non è stato giudicato, continua a svolgere le sue funzioni e ha accesso costante al cielo, alla presenza di Yahuah Êlôhîym.

Yôbêl (Giubilei) – Capitolo 10: versetti 8–9:

E il capo degli spiriti, Mastêmâ, venne e disse: «Yahuah, Bârâ, che alcuni di loro rimangano davanti a me, che ascoltino la mia voce e facciano tutto ciò che dirò loro; perché se non me ne lasci alcuni, non potrò esercitare la mia volontà sui figli degli uomini; poiché questi sono per corruzione e smarrimento davanti al mio giudizio, poiché grande è la malvagità dei figli degli uomini.» E disse: «Che la decima parte di loro rimanga davanti a lui, e che nove parti scendano al luogo della condanna».

Yahuah, come castigo, imprigionò tutti gli angeli Vigilanti che si erano corrotti con le donne, rinchiudendoli in prigioni oscure fino al giorno del giudizio finale.

E quando stava per incarcerare tutti i demoni insieme ai loro padri, Maśṭêmâh — che non è un angelo caduto, ma un angelo con un proposito specifico — intercedette davanti a Yahuah, chiedendogli che gli fosse assegnato il 10% di quei demoni per poter compiere l'incarico affidatogli.

Si fecero immagini fuse e ciascuno adorò l'idolo, l'immagine fusa che si erano fatti. Cominciarono a fare immagini scolpite e simulacri impuri, e spiriti maligni li aiutarono e li sedussero a compiere trasgressioni e impurità. E il principe Mastêmâ si sforzò di fare tutto questo, e inviò altri spiriti, quelli che furono posti sotto il suo controllo, per compiere ogni sorta di ingiustizie, peccati e trasgressioni, per corrompere, distruggere e spargere sangue sulla terra.

Yahuah acconsentì alla sua richiesta, e Maśṭêmâh divenne il leader del 10% dei demoni che vagano sulla terra, sempre cercando chi divorare, tormentando e attaccando i figli degli uomini e le donne da cui procedono.

Solo il 10% fu lasciato libero, mentre il restante il 90% è in prigioni oscure.

4.5 Maśṭêmâh e i corvi rimproverati da Abraham

(Il principe delle tenebre affrontato dalla fede del giusto)

Yôbêl (Giubilei) – Capitolo II: versetti 18–21:

E giunse il tempo della semina, e tutti uscirono insieme per proteggere il loro seme dai corvi. Abraham uscì con gli altri , e il fanciullo era un ragazzo di quattordici anni. Una nube di corvi venne a divorare il seme, e Abraham corse loro incontro prima

che si posassero al suolo, e gridò loro, prima che si posassero al
suolo per divorare il seme, e disse: «Non scendete; tornate al luogo
da cui siete venuti». Ed essi procedettero a tornare. E fece tornare
le nubi di corvi per settanta volte in quel giornoq, e di tutti i corvi
in tutta la terra dove era Abraham, non se ne posò lì neppure uno.
E tutti quelli che erano con lui in tutta la terra lo videro gridare, e
tutti i corvi si voltarono; e il suo nome divenne grande in tutta la
terra di Kaśđıy(Caldea).

Questa è una delle prime gesta di Abraham da giovane: egli rimproverò i corvi inviati dal principe Maśṭêmâh per tutto il giorno e,finchè tutti si allontanarono.

Capitolo 5

La fede contro l'accusa
(Il dialogo celeste che scatenò la prova del sacrificio)

5.1 Maśṭêmâh chiede di mettere alla prova Abraham

(La sfida di sacrificare Yitschâq)

Abraham si era immischiato nelle questioni del principe Maśṭêmâh, capo di tutti i demoni.

Berēshīṯh (Genesi) – Capitolo 22: Versetti 1, 2, 9–12:

E avvenne, dopo queste cose, che ĔLÔHÎYM mise alla prova Abrâhâm e gli disse: «Abrâhâm». Ed egli rispose: «Eccomi». E disse: «Prendi ora tuo figlio, il tuo unico, Yitschâq, che ami, e va' nella terra di Môrıyâh (   ), e offrilo là in olocausto su uno dei monti che ti dirò». E quando giunsero al luogo che ĔLÔHÎYM gli aveva detto, Abrâhâm edificò là un altare, dispose la legna, legò Yitschâq suo figlio e lo pose sull'altare sopra la legna. Abrâhâm stese la mano e prese il coltello per scannare suo figlio. Allora l'angelo di YAHUAH lo chiamò dal cielo e disse: «Abrâhâm, Abrâhâm». Ed egli rispose: «Eccomi». E disse: «Non stendere la mano contro il ragazzo e non fargli nulla; poiché ora so che temi ĔLÔHÎYM, dal momento che non hai rifiutato a me tuo figlio, il tuo unico».

Tutti conosciamo il racconto di Abraham — o, meglio , pensiamodi conoscerlo bene —, ma solo quando vediamo il racconto comparato nel Libro dei Giubilei possiamo comprendere la portata di ciò che accadde realmente.

Yôbêl (Giubilei) – Capitolo 17: Versetto 16:

E il principe Mastêmâ venne e disse davanti a Elôhîym: «Guarda, Abraham ama suo figlio Yitschâq e si compiace di lui sopra ogni cosa; chiedigli di offrirlo come olocausto sull'altare, e vedrai se adempie questo comando, e saprai se è fedele in tutto ciò con cui lo metterai alla prova».

Yôbêl (Giubilei) – Capitolo 18: Versetti 9–11:

Io stavo davanti a lui e davanti al principe Mastêmâ, e Yahuah disse: «Non porre la mano sul ragazzo né fargli alcunché, poiché ho dimostrato che teme Yahuah». Lo chiamai dallo shâmayim e gli dissi: «Abraham, Abraham!». Ed egli si spaventò e disse: «Eccomi!» Il principe Mastêmâ fu svergognato allora Abraham alzò gli occhi e vide: ecco un ariete impigliato... per le corna, e Abraham andò, prese l'ariete e lo offrì in olocausto al posto di suo figlio.

Stiamo comprendendo ciò che realmente accade dietro le quinte: Maśṭêmâh è colui che chiede di mettere alla prova Abraham e Yahuah acconsente alla richiesta; Abraham supera la prova del principe Maśṭêmâh e, con il suo atto di fede, lo rende ridicolo e lo svergogna.

Prestiamo molta attenzione per aprire i nostri occhi alla verità e alla comprensione che Yahuah ci rivela.

5.2 Abraham benedice Yaqoob

(La promessa di Yahuah di protezione contro gli spiriti di Maśṭêmâh)

Quando Abraham sta impartendo la sua benedizione su Yaăqôb, gli dice questo:

Yôbêl (Giubilei) – Capitolo 19: versetto 28:

E gli spiriti di Mastêmâ non domineranno su di voi né sulla vostra discendenza per allontanarvi da Yahuah, che è il vostro Êlôhîym da ora e per sempre.

Abraham sa e conosce chi è il comandante di tutti i demoni; siamo noi ad aver perso tale conoscenza, o è stata nascosta perché non sapessimo. Che benedizione tanto bella e saggia! Ma non è tutto: proseguiamo con le imprese di Maśṭêmâh.

5.3 Maśṭêmâh tenta di uccidere Môsheh (Mosè)

(L'avversario nell'ombra dell'esodo).

Mi sono sempre chiesto, e non ho mai compreso bene che cosa significasse questo passo; a dire il vero non compresi questo evento nelle Scritture fino a leggerlo nel Libro dei Giubilei.

Šhemōṯh (Esodo) – Capitolo 4: Versetti 24–26:

E avvenne, lungo la via, che in una locanda gli venne incontro YAHUAH e volle ucciderlo. Allora Tsippôrâh prese una pietra affilata, recise il prepuzio di suo figlio e lo gettò ai suoi piedi, dicendo: «In verità, tu mi sei uno sposo di sangue». Così lo lasciò andare. Ed ella disse: «Sposo di sangue, a causa della circoncisione».

Com'è possibile che Yahuah gli sia andato incontro per ucciderlo? Ma se fu Yahuah a inviargli la missione di liberare il suo popolo, allora come potrebbe cercare di uccidere il suo inviato Môsheh? Esodo mi dice che Yahuah venne incontro a Môsheh e volle ucciderlo. Ma se Yahuah lo avesse voluto morto, non lo avrebbe inviato, e tantomeno lo avrebbe salvato fin da bambino. C'era qualcosa che mi mancava in questa storia, qualcosa non tornava. Leggiamola ora in Giubilei.

Yôbêl (Giubilei) – Capitolo 48: Versetti 2–4:

E tu stesso sai ciò che ti disse sul monte Siynay, e ciò che il principe Mastêmâ desiderava farti quando tornavi a Mitsrayim (Egitto) per la via, quando lo incontrasti nell'albergo. Non cercò forse con tutte le sue forze di ucciderti e liberare l'Egitto dal tuo potere, vedendo che eri stato mandato per eseguire giudizio e vendetta contro l'Egitto? E io ti liberai dal suo potere, e facesti i segni e i prodigi che ti fu comandato di compiere in Egitto contro il Faraone, contro tutta la sua casa, contro i suoi servi e il suo popolo.

Ora tutto ha senso: finalmente posso veramente comprendere che cosa accadde. Maṣṭêmâh comandava gli Egiziani e, vedendo che Yahuah aveva inviato Môsheh per liberare il suo popolo, tentò di ucciderlo lungo la via, nel tentativo di salvare Mitsrayim (Egitto).

5.4 Maṣṭêmâh con gli Egiziani

(Lo spirito di distruzione che si oppose a Yâshârêl)

Comprendete che il popolo di Yâshârêl era schiavo in Egitto e che il principe Maṣṭêmâh stava come capo degli Egiziani, operando oppressione tramite gli Egiziani contro Yâshârêl.

Yôbêl (Giubilei) – Capitolo 48: versetti 9–13:

E il principe Mastêmâ si levò contro di voi e cercò di consegnarvi nelle mani del Faraone. Egli aiutò i maghi d'Egitto, i quali si levarono e operarono davanti a voi. Permettemmo loro di compiere i mali, ma non concederemo loro di portare rimedio. E Yahuah li colpì con ulcere maligne, e non poterono stare in piedi, poiché li distruggemmo in modo che non poterono compiere neppure un segno. E nonostante tutti questi segni e prodigi, il principe Mastêmâ non si vergognò, perché si fece coraggioso e gridò al Mitsrîy di inseguirvi con tutto il potere del Mitsrîy, con i loro carri, con i cavalli e con tutte le schiere dei popoli di Mitsrayim. E io mi posi tra l'Egitto e Yâshârêl, e liberammo Yashareel dalla sua mano e dalla mano del suo popolo, e Yahuah li fece passare in mezzo al mare come su terra asciutta.

Abbiamo sempre letto come Yahuah indurisse il cuore del Faraone per manifestare la sua potenza; tuttavia, Giubilei ci mostra il quadro completo:il principe Maṣṭêmâh agiva dietro gli Egiziani, mentre Yahuah usava il loro orgoglio per indurire il cuore del Faraone e degli Egiziani per manifestare la sua meravigliosa potenza.

5.5 Maṣṭêmâh legato e il popolo liberato

(Il giudizio sull'avversario durante la redenzione di Yâshârêl).

L'influenza di Maṣṭêmâh era così grande sul popolo che lo serve (Egitto), che fu necessario legare Maṣṭêmâh per liberare il popolo di Yâshârêl.

Yôbêl (Giubilei) – Capitolo 48: versetti 15–18:

E il giorno quattordici, il quindici, il sedici, il diciassette e il diciotto, il principe Mastêmâ fu legato e imprigionato dietro i figli di Yâshârêl affinché non li accusasse. E il giorno diciannove lo liberammo affinché aiutasse i Mitsrîy e inseguisse i figli di Yâshârêl. Ed egli indurì i loro cuori e li rese ostinati, e il piano fu stabilito da Yahuah nostro Êlôhîym per colpire i Mitsrîy e gettarli nel mare. E il giorno quattordici lo legammo affinché non accusasse i figli di Yâshârêl nel giorno in cui chiesero al

Mitsȓıy vasi e vesti, vasi d'argento, vasi d'oro e vasi di bronzo, per spogliare il Mitsȓıy in cambio della servitù alla quale li avevano costretti a servire.

5.6 Maṣṭêmâh uccide tutti i primogeniti d'Egitto

(L'esecuzione del giudizio finale sui nemici di Yahuah).

Ma non è ancora passata la più grande prova. Abbiamo letto come Yahuah colpì tutti i primogeniti d'Egitto. E Esodo ci dice che Yahuah sarebbe passato colpendo, ma non avrebbe permesso al distruttore di entrare nelle case di Yâshârêl. Così comprendiamo, sappiamo e siamo al 100% certi che Yahuah non è il distruttore: quel distruttore ha un nome.

Šhemōṯh (Esodo) – Capitolo 12: Versetti 23, 29:

Perché YAHUAH passerà colpendo i Mitsȓıy; e quando vedrà il sangue sull'architrave e sui due stipiti, YAHUAH passerà oltre quella porta e non lascerà entrare il distruttore nelle vostre case per colpire. E avvenne che a mezzanotte YAHUAH colpì ogni primogenito nella terra di Mitsrayim, dal primogenito di Parôh che sedeva sul suo trono, fino al primogenito del prigioniero che era in carcere, e ogni primogenito del bestiame.

Ora possiamo vedere con chiarezza chi eseguì l'ordine di uccidere tutti i primogeniti in Egitto.

Yôbêl (Giubilei) – Capitolo 49: versetto 2:

Poiché in questa notte, inizio della festa e inizio della gioia, voi stavate mangiando la Pesach in Egitto, quando tutte le potenze di Mastêmâ si erano sciolte per uccidere tutti i primogeniti nella terra d'Egitto, dal primogenito del Faraone al primogenito della serva schiava al mulino, e fino al bestiame.

Possiamo affermare con chiarezza e certezza che gli esecutori - o strumenti - dietro la morte dei primogeniti furono Maṣṭêmâh e i suoi seguaci.

5.7 "Satana": il nemico inesistente… e imposto

(La grande invenzione che nascose l'identità del vero avversario.)

Non abbiamo ancora chiarezza sul ruolo o identità del personaggio Maṣṭêmâh. Analizziamo una delle bugie meglio raccontate dell'umanità.

Nel corso della storia ci hanno insegnato tante cose, e una di queste è che esisterebbe un presunto nemico o arcinemico di Yahuah e del popolo di Yahuah, del quale dovremmo temere, rimproverare, e chissà cos'altro. Ma vediamo ora la realtà.

Il termine ebraico è śâṭân: significa avversario, oppositore, e così è usato nelle Scritture, tranne nei passi in cui il suo termine è stato volutamente alterato per confondere l'umanità, facendolo apparire come un "arcinemico" di Yahuah.

Ma Yahuah non ha tale nemico, perché nulla e nessuno può opporsi a Lui.

Puoi leggere ciascuno di questi versetti e, se leggi l'ebraico, ti accorgerai che il termine usato è lo stesso, ma qui è tradotto correttamente come "avversario", e non come un nome proprio irreale. (Numeri 22:22; 1 Samuele 29:4; 1 Re 5:4; 1 Re 11:14, 23 & 25).

Tuttavia, in ciascuno di questi altri versetti lo hanno tradotto come nome proprio, in modo errato o consapevole, cercando di creare un personaggio che in realtà non esiste. (1 Cronache 21:1; Giobbe 1:6, 7, 8, 9, 10; Giobbe 2:1, 2, 3, 4, 6, 7; Salmi 19:6; Zaccaria 3:1 & 2).

Vediamo alcuni dei versetti nel libro di Giobbe, dove più spesso è stato reso come nome proprio invece del termine reale "avversario". Poiché stiamo usando la versione Dabar Yahuah – Escrituras Yahuah, questa ha il termine corretto; prestiamo dunque attenzione.

Îyôb (Giobbe) – Capitolo 1: versetti 6–7:

E un giorno i figli di ĔLÔHÎYM vennero a presentarsi davanti a YAHUAH, e tra loro venne anche l'Avversario. E YAHUAH disse all'Avversario: «Da dove vieni?» E rispondendo l'Avversario a YAHUAH disse: «Dal percorrere la terra e dal camminare per essa».

Leggeremo solo i primi due versetti, poiché conosciamo bene la storia, sebbene possiate leggere l'intero capitolo per una comprensione migliore.

Tra i figli di Êlôhîym, cioè gli angeli, viene un personaggio specifico: l'avversario. Se osservate la storia e la paragonate con quella di Abraham, comprenderete meglio che si tratta dello stesso personaggio - l'Avversario - che si presenta davanti a Yahuah.

Ricordate: non è un angelo vigilante, e non si è corrotto con le donne; tutti gli angeli vigilanti che si corromperono sono rinchiusi in prigioni eterne e, dal momento del loro peccato, non poterono mai più parlare con Yahuah né presentarsi davanti a Lui, né tantomeno salire allo shamayim.

Questo è lo stesso che già conosciamo e abbiamo visto nella vita di Abraham, di Môsheh e ora in Îyôb (Giobbe), mettendo alla prova il servo fedele di Yahuah.

E la parte più importante che dovete sempre tenere a mente è che questo avversario, meglio conosciuto come Maśṭêmâh — colui che fu chiamato erroneamente "satana" —, il suo vero nome è Maśṭêmâh. Ed egli è dai tempi antichi, e parte del suo incarico è stato mettere alla prova i seguaci di Yahuah per vedere se davvero possono cadere nelle sue reti o restare fedeli a Yahuah.

Questo stesso avversario lo possiamo vedere in tutta la storia dell'umanità e lo vedremo poi nel Nuovo Testamento, poiché il suo lavoro, ruolo o compito si compirà alla fine dei tempi. Nel frattempo è un angelo che dimora sulla terra e ha accesso al trono di Yahuah, e può manifestarsi in un solo luogo per volta; dunque, ovunque si trovi, là agisce in forma fisica.

Per chiarire meglio: colui che è stato chiamato "satana" nel corso dei secoli non è il suo nome, poiché il termine significa semplicemente "avversario". Tuttavia, il vero Avversario si chiama Maśṭêmâh.

Capitolo 6
Il potere dei demoni

*(Come gli spiriti impuri dominano
attraverso la paura e l'ignoranza)*

6.1 Natura e limiti del potere demoniaco

Questi demoni non hanno il potere che le persone attribuiscono loro; non sono esseri corporei, e la loro unica abilità è possedere altri corpi, poiché essi stessi ne sono privi.

Il potere dei demoni risiede nell'influenza o nell'informazione sottile che usano per condurre le persone al peccato, cioè per indurre i seguaci di Yahuah alla disobbedienza verso di lui.

I demoni non possono né hanno il permesso di toccare un servo di Yahuah, e tanto meno possono possederlo.

Tuttavia, possono possedere e influenzare, guidare e dirigere i loro discendenti umani — cioè i discendenti nefelini ancora presenti sulla terra e il cui agire è continuamente verso il male. Questi li possiedono e li usano per fare tutto ciò che desiderano, perché sono parte di loro.

Ricordiamo che i demoni sono spiriti ancestrali, quindi conoscono il comportamento umano meglio dello stesso uomo; questo, per osservazione.

Perciò le Scritture parlano di spiriti familiari, che vanno di generazione in generazione;essi possono imitare voci e creare scenari che appaiono reali. E, alla fine, non dimenticate che i demoni conoscono il contenuto delle Scritture meglio di noi nella maggior parte dei casi.

Ma a chi serve Yahuah è stato dato potere e autorità al di sopra di ogni spirito maligno o spirito familiare.A noi è stato dato il potere; loro, invece, non ne hanno.

6.2 Le Sirene

(La punizione delle donne che si unirono agli angeli vigilanti).

Alle donne degli angeli Vigilanti che si unirono a loro, Yahuah le maledisse e le trasformò in sirene.

Potrebbe sembrare una fiaba o una storia di fantascienza, ma questo è ciò che hanno voluto insegnare per occultare la verità. Noi non parliamo mai né menzioniamo le donne che si contaminarono con gli angeli Vigilanti; in effetti, non ho mai sentito nessuno parlare di loro, ma il libro di Chănôk ci dà un dettaglio incredibile. Anch'esse ricevettero la loro punizione per la trasgressione commessa con gli angeli, e per la creazione di quella razza diabolica e aberrante.

Chănôk (Enoc) Capitolo 19: versetto 2:

E le donne degli angeli sviati si trasformeranno anch'esse in sirene.

Se le sirene sono le donne che si unirono con gli angeli Vigilanti e corromsero a loro natura, che cosa sarebbe allora un figlio di una sirena? Un nefelin ibrido.

Per questo, se osserviamo fumetti e leggende, le sirene sono sempre femminili, perché portano in sé il marchio della punizione e della maledizione per il loro peccato.

6.3 La Rinascita del Male: Babele e i Patriarchi

6.3.1 Migrazione a Babilonia

(I discendenti dei nefelini dopo il Diluvio).

I sopravvissuti dei nefelini scesero dall'Ararat fino alle terre di Shinar (Senaar o Sinar), e là si stabilirono. Lì iniziarono a moltiplicarsi;

questa stessa regione più avanti ricevette il nome di Babel o Babilonia. Shinar, Sinar o Senaar è l'antico nome di Babilonia.

Berēshīṯh (Genesi) – Capitolo 11: versetti 1-9:

Era allora tutta la terra di una lingua e di una stessa parola.
E avvenne che, mentre viaggiavano da oriente, trovarono
una pianura nella terra di Shinâr; e dimorarono là. Shinâr:
una pianura in Babilonia: – Sinar. E dissero gli uni agli altri:
Andiamo, facciamo mattoni e cuociamoli con il fuoco. E il
mattone fu per loro in luogo di pietra, e la pece in luogo di malta.
E dissero: Andiamo, costruiamoci una città e una torre la cui
cima giunga al cielo; e facciamoci un nome, per non essere
dispersi sulla faccia di tutta la terra. E discese YAHUAH per
vedere la città e la torre che edificavano i figli degli uomini. E
disse YAHUAH: Ecco, il popolo è uno, e tutti hanno un linguaggio;
e hanno cominciato a operare, e nulla farà ora desistere loro
da ciò che hanno pensato di fare. Or dunque, scendiamo e
confondiamo lì le loro lingue, affinché nessuno comprenda la
parola del suo compagno. Così YAHUAH li disperse di là sulla
faccia di tutta la terra, ed essi lasciarono di edificare la città. Per
questo fu chiamato il suo nome Bâbel, perché lì YAHUAH confuse
il linguaggio di tutta la terra, e di là li disperse sulla faccia di
tutta la terra.

Bâbel: confusione; Babel (cioè Babilonia), includendo Babilonia e l'impero babilonese.

Comprendiamo ciò che stiamo leggendo: nel capitolo 10 Nôach fa la ripartizione della terra fra i suoi figli e discendenti. ricordiamo che questo è il resoconto che Môsheh fa degli eventi che Yahuah gli ha mostrato.

E ciò che accade nel capitolo 11 di Berēshīṯh è dunque il resoconto del posizionamento e del tentativo dei nefelini di riconquistare o meglio connettersi con il cielo, come discendenti dei nefelini.

6.3.2 Babilonia

(La civiltà ibrida che sfidò il cielo).

Shinar, Sinar o Senaar è l'antico nome di Babilonia.

Yôbêl (Giubilei) - Capitolo 10: versetto 18:

Nel primo anno del secondo settenario del trentatreesimo giubileo, Fáleg prese una donna, chiamata Lebana, figlia di Sennaar. Questa gli partorì un figlio, nell'anno quarto di questo giubileo, al quale diede il nome Reu, poiché si disse: «I figli degli uomini sono stati malvagi: hanno concepito il malvagio pensiero di costruirsi una città e una torre nella terra di Sennaar».

Chi sono questi figli degli uomini di cui parlano Berēšhīth e Giubilei? Sono gli stessi che si arenarono sul monte Ararat (nefelini), e scendono quindi nella terra di Shinar. Questi figli degli uomini appartengono al secondo gruppo dell'umanità, non al primo. Vedremo nel capitolo 7 i gruppi.

Yôbêl (Giubilei) - Capitolo 10: versetto 19:

Infatti, erano emigrati dalla terra di Ararat verso oriente, a Sennaar, e in quel tempo costruirono la città e la torre, dicendo: «Saliamo per essa al cielo».

Vi sembra che qualche umano creato da Yahuah voglia o concepisca una tale stoltezza come andare al cielo con la forza; o non è forse chiaro che questi episodi furono opera dai nefelini?

Yôbêl (Giubilei) - Capitolo 10, versetti 20–26:

Cominciarono a costruire e, nel quarto settenario, cuocevano al fuoco i mattoni che poi usavano come pietre. Il cemento con cui li univano era asfalto che sgorgava dal mare e da pozzetti d'acqua nella terra di Sennaar. I costruttori impiegarono circa quarantatré anni:.. E Yahuah, il nostro Êlôhîym, ci disse: «Ecco, sono un solo popolo e hanno cominciato a lavorare insieme, e non cesseranno più. Su, scendiamo e confondiamo le loro lingue, così da non capirsi gli uni con gli altri, e si disperdano per città e nazioni, in modo che non abbiano un piano comune fino al giorno del giudizio». Discese Yahuah, e noi con lui, a vedere la città e la torre che avevano costruito i figli degli uomini. Mischiò tutte le voci della loro lingua, non comprendendosi più gli uni con gli altri e lasciando la costruzione della città e della torre. Per questo fu chiamata Babel tutta la terra di Sennaar, poiché lì Yahuah confuse tutte le lingue dei figli degli uomini, e di lì si dispersero per tutte le loro città, secondo le loro lingue e nazioni. Yahuah mandò un grande vento contro la torre, che la buttò a terra; il suo sito era tra Assur e Babel, nel paese di Sennaar, al quale diede il nome di «rovina».

6.3.3 Torre di Babele

(Il tentativo di raggiungere il trono divino con la forza).

Non ci hanno mai spiegato né detto la verità.

Per secoli siamo stati ciechi e abbiamo creduto menzogne, o semplicemente inconsapevoli della realtà, pensando che tutte le catastrofi o distruzioni dell'umanità siano state causate dagli umani creati da Yahuah Êlôhîym. Tuttavia, la realtà è completamente diversa.

Gli abitanti che si stabilirono nella città di Shinar, detta anche Babel o Babilonia, erano i sopravvissuti al diluvio dei nefelini — figli delle donne con gli angeli Vigilanti che peccarono. —.

E sì, erano umani, o meglio, avevano sangue umano, ma non erano cento per cento parte della creazione di Yahuah.

Essi non possedevano lo spirito che li connette al bene o a Yahuah; l'unico "chip" che avevano era quello della malvagità.

Così, questi discendenti degli angeli e delle donne che abitavano in Babel si moltiplicarono, ma la loro proibizione era che non avrebbero mai potuto salire al cielo né invocare Yahuah, perché erano un'aberrazione nella creazione di Yahuah: esseri ibridi con sangue umano e angelico.

Pertanto, il loro proposito era raggiungere il cielo con la forza, poiché non era loro permesso l'accesso.

In quel tempo l'umanità parlava un solo idioma: «Eber» (l'ebraico).

Tutti si accordarono per costruire una torre che giungesse al cielo.

Yahuah vide il loro proposito e capì che nulla li avrebbe fermato dal raggiungerlo.

I nefelini, o discendenti dei nefelini, volevano accesso al cielo, e niente li avrebbe frenati dal conseguire il loro obiettivo.

Questo fu il vero proposito della costruzione della Torre di Babele.

Allora Yahuah discese e abbatté la torre, confuse le loro lingue e diede origine a tutte le lingue del mondo.

Li disperse anche per i confini della terra, affinché mai più si unissero in un proposito comune, poiché generavano solo distruzione e il loro obiettivo era usurpare il cielo.

Babel e la sua torre non furono distrutte né le loro lingue confuse a causa degli umani puri che Yahuah creò, ma la causa della creazione diabolica delle donne e degli angeli Vigilanti.

Non fu mai colpa della creazione originale di Yahuah, ma il risultato dell'unione degli uomini (donne) e degli angeli Vigilanti che peccarono.

Babel significa "confusione", e fa onore al suo nome.

Continuerà a confondere fino alla fine dei tempi, perché la sua provenienza e il suo proposito sono completamente nefelini e opposti a tutto ciò che si chiama bene o proviene da Yahuah.

Capitolo 7
Le Due Stirpi

(La Linea Pura di Yahuah e la Discendenza Corrotta dei Nefelín))

I due gruppi esistenti nell'umanità
(Due lignaggi, due destini: uno guidato dal ruach di Yahuah,
e l'altro dalla corruzione dell'avversario)

7.1 Due gruppi dopo la corruzione dei Vigilanti

Dal momento della corruzione degli angeli vigilanti nell'unirsi con le donne e creare quella razza aberrante, dopo la distruzione del diluvio, sulla terra l'umanità rimase divisa in due gruppi.

Gruppo 1: Gli umani creati da Yahuah Êlôhîym che portano il ruach di Yahuah per propagarsi e moltiplicarsi sulla terra. Chiamati figli degli uomini, ma questi portano il ruach di Yahuah.

Gruppo 2: Gli ibridi umani che hanno sangue umano delle donne e sangue angelico degli angeli vigilanti, i quali non possiedono il ruach di Yahuah Êlôhîym e non possono cercare nulla che abbia a che vedere con il bene, né tantomeno con Yahuah Êlôhîym. Chiamati figli degli uomini, ma questi non portano il ruach di Yahuah (creati dalle donne e dagli angeli vigilanti che non potevano procreare in modo naturale).

7.2 Dispersione nefelina dopo Babele

Amplifichiamo questo tema per una migliore comprensione. Gli abitanti di Babele sono i nefelini; essi cercano di raggiungere il cielo costruendo la torre, ma Yahuah allora abbatte la torre e confonde le loro lingue, affinché non possano unirsi all'unisono nel loro proposito diabolico. Tutti questi nefelini, che portano sangue umano (donna) e degli angeli vigilanti, vengono dispersi in ogni luogo della civiltà conosciuta allora.

Ed è qui che inizia il rompicapo. Anzitutto gli uomini (umani con sangue nefelino) non rappresentano un grande pericolo, perché costoro seguono lo spirito dei nefelini; pertanto non possono trasmettere ciò che non hanno, cioè il gene o chip di Yahuah ai loro figli.

Tuttavia, il pericolo più grande che deve affrontare la creazione di Yahuah è ancora una volta con / e per le donne. Quando le donne nefeline riescono a unirsi con un uomo (non nefelino, bensì con il ruach di Yahuah), allora la creatura che nasce da questa nuova unione viene con due geni o chip. Nasce con il gene nefelino da parte della madre nefelina e nasce con il gene di Yahuah, dato da parte dell'uomo di Yahuah.

Dunque, questo nuovo essere, che ancora continua ad avere una parte ibrida o discendenza nefelina nel suo sangue, per la prima volta ha l'opportunità di essere partecipe del gene di Yahuah Êlôhîym perché gli è stato trasmesso dall'uomo.

7.3 Proibizioni e comandamenti sui matrimoni

Questa è la ragione per cui Yahuah ha sempre proibito che gli uomini prendessero donne delle nazioni pagane con sangue nefelino; allo stesso modo, per questo in tutte le conquiste che comandava al suo popolo, diceva loro di sterminare tutti, dal più piccolo al più vecchio, perché portavano il gene nefelino ed era necessario eradicarli. Ma, come sempre, gli uomini con il gene di Yahuah decisero di unirsi alle donne pagane, gentili o con sangue nefelino.

Con queste azioni il gruppo due (gli umani nefelini) riuscì a mescolarsi con il gruppo uno (gli umani di Yahuah) e a popolare o corrompere l'umanità, la creazione di Yahuah, ancora una volta — ed è il punto dove ci troviamo. La differenza adesso è che coloro con discendenza nefelina o sangue di demone hanno l'opportunità di decidere se vogliono soccombere al loro gene nefelino o consegnarsi al gene di Yahuah, che fu loro condiviso quando l'uomo (umano creato da Yahuah) lo trasmise unendosi con le donne nefeline.

Questo è il punto chiave per poter comprendere le verità delle Scritture. Molti diranno tante cose e non vorranno riconoscere, assimilare né accettare questa verità. Ed è normale; tuttavia, coloro ai quali Yahuah aprirà gli occhi della comprensione , finalmente potranno cogliere il messaggio e la portata della malvagità nell'umanità e nella creazione di Yahuah.

7.4 Miscela di lignaggi e discernimento dai frutti

Ciò che all'inizio furono due gruppi totalmente definiti e chiari, non lo è più: entrambi sono stati mescolati e si presentano come un solo gruppo nell'umanità, e solo i frutti o le azioni determineranno chi appartiene a chi — a Yahuah o ai demoni nefelini. Per questo Yahusha dice che bisogna lasciare che i due gruppi crescano insieme, perché sono mescolati, e solo al momento della mietitura Yahuah si occuperà di separare i malvagi dai veri. Ma, se ancora non lo capiamo, vediamo che cosa dice Yahusha Ha Mashiyach.

Mattithyâhû (Matteo) – Capitolo 13: versetti 24–30:

Un'altra parabola propose loro, dicendo: Il Regno dei Cieli è simile a un uomo che semina buon seme nel suo campo. Ma, mentre gli uomini dormivano, venne il suo nemico e seminò zizzania in mezzo al grano, e se ne andò. E quando l'erba spuntò e fece frutto, allora apparve anche la zizzania. E, avvicinatisi i servi del padrone di casa, gli dissero: Signore, non hai seminato buon seme nel tuo campo? Donde dunque viene questa zizzania? Ed egli disse loro: Un uomo nemico ha fatto questo. Allora i servi gli dissero: Vuoi dunque che andiamo e la raccogliamo? Ma egli disse: No; affinché, raccogliendo la zizzania, non sradichiate insieme ad essa anche il grano. Lasciate che crescano insieme l'uno e l'altra fino alla mietitura; e al tempo della mietitura dirò ai mietitori: Raccogliete prima la zizzania e legatela in fasci per bruciarla; ma raccogliete il grano nel mio granaio.

Noi non vogliamo comprendere ciò che le Scritture ci dicono. Yahusha, il nostro Mashíyach, ci dice con chiarezza di ciò che accade e come dobbiamo agire, e ancor più dove si trova la semenza del maligno.

• Padrone che semina il buon seme: Yahusha

• Un uomo nemico ha fatto questo: Il nemico – avversario – Mastema

• Lasciate che crescano insieme fino alla mietitura: Crescono insieme grano e zizzania. Ma cosa significa realmente? I malvagi o servitori dei nefelini crescono insieme ai servi di Yahuah. Ma ti sei chiesto dove? È chiaro e semplice: nelle chiese e congregazioni. Queste sono piene dei servi di Yahuah e anche dei servi delle schiere del male, la discendenza nefelina. Siamo insieme nello stesso cammino, con stesse dottrine, e dobbiamo crescere insieme (servi di Yahuah e servi dei nefelini). A volte, come dice Yahusha, possiamo riconoscerli dai loro frutti, ma è solo alla fine dei tempi che saremo separati nel giorno del giudizio. Non ricordi che Yahusha lo ripete: «Non vi ho mai conosciuti, operatori di iniquità; al fuoco eterno»? Questi erano nelle congregazioni, nelle chiese, nei gruppi, apparentemente praticando, ma non la verità di Yahuah.

• Tempo della mietitura: La fine – giudizio finale

• I mietitori: Gli angeli

• Raccogliete prima la zizzania (bruciarla): Gli empi sono bruciati, consumati dal fuoco.

• Il grano nel mio granaio: I giusti nel tabernacolo o nella Nuova Gerusalemme

È di somma importanza ricordare che tanto il grano quanto la zizzania sono intrecciati, mescolati. Le radici sono così simili e avvinte le une alle altre che, se si tenta di sradicare gli uni dagli altri prima, si corre il rischio di sradicare anche qualche spiga di grano, e Yahuah non lo desidera. Bisogna aspettare fino alla fine dei tempi, quando gli angeli saranno inviati prima a legare gli empi, ibridi, discendenti dei nefelini e i loro seguaci, e a bruciarli.

L'apostolo Paolo inoltre spiega e illustra questo dilemma, presentandoci la legge della morte e la legge di Êlôhîym.

Rómĕos (Romani) – Capitolo 7: Versetti 14–25:

Perché sappiamo che la legge è spirituale; ma io sono carnale, venduto sotto il peccato. Poiché ciò che faccio non lo comprendo; e ciò che voglio, non lo faccio; ma ciò che odio, quello faccio. Di modo che non sono più io che lo faccio, ma il peccato che abita in me. E io so che in me (cioè nella mia carne) non abita il bene; poiché in me c'è il volere, ma non trovo il modo di compiere il bene. Infatti non faccio il bene che voglio; ma il male che non voglio, quello faccio. E se faccio ciò che non voglio, non lo opero più io, ma il peccato che abita in me. Così che, volendo io fare il bene, trovo questa legge: che il male è in me. Poiché, secondo l'uomo interiore, mi diletto nella legge di Êlôhîym; ma vedo un'altra legge nelle mie membra, che combatte contro la legge del mio spirito e mi rende prigioniero della legge del peccato che è nelle mie membra. Rendo grazie a Êlôhîym, per Yahusha Mâsẖıyach Âdônây nostro. Così dunque io stesso, con la mente, servo alla legge di Êlôhîym, ma con la carne alla legge del peccato.

7.5 Qeynan – Padre dell'occultismo

(L'uomo che trovò gli scritti dei Vigilanti e resuscitò la loro sapienza proibita)

Passò la generazione di Nôach e anche quella di Shem, figlio di Nôach.

Poi, nella generazione di Arpakshad, nacque un personaggio che fu occultato o si tentò di occultare in molte versioni bibliche: Qeynan (Cainan).

I malintenzionati — o discendenti di quest'uomo, figlio di Arpakshad, chiamato Qeynan — decisero che era meglio cancellare la sua genealogia completa dalle Scritture, affinché le persone non sapessero chi fu realmente questo personaggio.

Tuttavia, il Libro dei Giubilei ci rivela la ragione:

Qeynan, figlio di Arpakshad, discendente di Shem e Nôach, entrò in possesso di una conoscenza proibita.

Quando Qeynan fu adulto e pronto per costruire la sua vita, uscì per edificare una città — come era usanza dei figli quando raggiungevano l'età adulta —.

Ma, lungo il cammino, Qeynan trovò una caverna con degli «scritti antichi» incisi sulle rocce.

Qeynan imparò questi scritti, li copiò e li nascose, senza dire nulla, perché sapeva che il suo trisavolo Nôach si sarebbe adirato.

E per queste dottrine e scritture che Qeynan copiò, custodì, condivise e insegnò, egli divenne il primo trasmettitore di quella conoscenza proibita.

Yôbêl (Giubilei) – Capitolo 8: versetti 1–3:

Nel ventinovesimo giubileo, nel primo settenario, al principio,

Arpakshad prese per sé una donna chiamata Râsûêyâ, figlia di Shûshan (   ), figlia di Êylâm, la quale gli diede un figlio nel terzo anno di questo settenario, che chiamò Qêynân. Il figlio crebbe, e suo padre gli insegnò a scrivere, ed egli andò a cercare un luogo dove potesse impadronirsi di una città. Trovò una scrittura che le generazioni precedenti avevano inciso sulla roccia, e lesse ciò che conteneva, la trascrisse e peccò a motivo di essa. Poiché conteneva l'insegnamento dei Vigilanti secondo cui erano soliti osservare i presagi del sole, della luna e delle stelle in tutti i segni dello shâmayim.

Questo fu il padre dell'occultismo, che preservò gli insegnamenti proibiti dei nefelini e li introdusse nel popolo di Yahuah, cioè tra le famiglie discendenti di Nôach, che non conoscevano né sapevano di tali pratiche.

Solo i nefelini e i loro discendenti che abitavano in Babele avevano conoscenza di queste pratiche e dottrine.

7.6 Abraham e Lot

(I giusti tra i popoli corrotti).

Passarono varie generazioni (Shelach, Êber, Péleg, Re'û, Śerûg, Nâchôr, Terach) e finalmente arriviamo ad Abraham.

Poiché Yahuah aveva grandemente benedetto il suo servo Abraham, e suo nipote Lot, che allora era il suo unico erede, i pastori di entrambi cominciarono a litigare per i pascoli. Allora Abraham e Lot decisero di separarsi.

Abraham rimase nella terra di Canaan e, dopo la separazione, si stabilì a Hebron, presso la quercia di Mamré, dove edificò un altare a Yahuah.

Lot, invece, scelse la pianura del Giordano perché molto fertile e andò ad abitare nelle città della pianura, piantando le sue tende fino a Sodoma.

Berēshīth (Genesi) – Capitolo 13: Versetti 10–13:

E Lôṭ alzò i suoi occhi e vide tutta la pianura del Yardên (   ), tutta irrigata, prima che YAHUAH distruggesse Sedôm e Ămôrâh, come il giardino di YAHUAH, come la terra di Mitsrayim fino a Tsôar. Allora Lôṭ scelse per sé tutta la pianura del Yardên; e Lôṭ viaggiò verso oriente, e si separarono l'uno dall'altro. Abrâm si stabilì nella terra di Kenaan, e Lôṭ si stabilì nelle città della pianura,piantando le sue tende fino a Sedôm. Ma gli uomini di Sedôm erano malvagi e peccatori contro YAHUAH in grande misura.

7.7 I re nefelini e la guerra

(I governanti discendenti dagli ibridi contro gli eletti di Yahuah).

È chiaro che Lot si stabilì nelle regioni di Sodoma, nella pianura del Giordano.

Tuttavia, più avanti vennero re a conquistare quelle terre, e i re che vennero provenivano da Shinar o Babele. Cioè, i re di quelle nazioni — discendenti dei nefelini — furono i conquistatori.

Berēshīth (Genesi) – Capitolo 14: Versetti 1–5 & 12:

E avvenne ai giorni di Amrâphel, re di Shinâr, Ăryôk re di Ellâsâr, Kedorlâômer re di Êylâm, e Tidâl re delle nazioni, che questi fecero guerra contro Bera, re di Sedôm, e contro Birsha, re di Ămôrâh, e contro Shinâb re di Admâh, e contro Shemêber re di Tsebôîym, e contro il re di Bela, che è Tsôar. Tutti questi si radunarono nella valle di Śiddîym, che è il mare salato. E nell'anno quattordicesimo venne Kedorlâômer e i re che erano con lui, e sconfissero i Râphâ in Ashterôth Qarnayim, gli Zûzîym in Hâm, e gli Êymîym in Shâwêh Qiryâthayim. Presero anche Lôṭ, figlio del fratello di Abrâm, che abitava in Sedôm, e i suoi beni, e se ne andarono.

Essi conquistarono Sodoma, Gomorra e tutte le città vicine. In quella guerra catturarono Lot, nipote di Abraham. Allora Abraham si armò con i suoi servi e liberò suo nipote, che tornò ad abitare con tutti i suoi beni: nelle terre di Sodoma, che erano state conquistate dai re di Babele, cioè i re nefelini. Ricordate che Shinar era l'antico nome di Babele; e chi erano gli abitanti di Babele? Come abbiamo già stabilito: i nefelini.

Yôbêl (Giubilei) – Capitolo 10: versetto 25:

Per questa ragione, tutta la terra di Shinar si chiama Babel, perché lì Yahuah confuse til linguaggio dei figli degli uomini, e di lì si dispersero per le loro città, ciascuno secondo la sua lingua e la sua nazione.

Perciò, i nuovi abitanti o popolatori di quelle città — Sodoma, Gomorra e i loro villaggi vicini — erano principalmente discendenti dei nefelini. Queste città erano piene e popolate dai loro conquistatori, i re e gli abitanti di Babele.

Capitolo 8
Sodoma e Gomorra

*(Città che simboleggiano la pienezza
del peccato e la giustizia di Yahuah)*

8.1 La ripetizione del peccato dei Vigilanti e la loro distruzione totale

Passarono i tempi e tutte quelle città si moltiplicarono e si popolarono grandemente, senza dimenticare che i nuovi residenti erano rimanenti dei nefelini.

Come già sappiamo, essi non possedevano il "chip" del bene né nulla di ciò che è legato al bene.

Il loro "chip" era distruzione, guerra e tutto ciò che è legato alla malvagità, perché il loro gene era unicamente malvagio.

Anche quando il loro sangue era mescolato con il sangue delle donne, erano una razza meticcia, mista o ibrida.

Pertanto, il loro peccato fu così grande che la loro aberrazione giunse ancora una volta davanti al trono di Êlôhîym, il quale discese a vedere ciò che facevano gli abitanti di Sodoma e Gomorra. Tre angeli discesero sulla terra .

L'Angelo di Yahuah rimase a dialogare con Abraham, perché sapeva che Abraham era puro.

Per questa ragione, non volle nascondergli il decreto emanato per la distruzione di Sodoma e Gomorra.

Abraham volle intercedere per gli abitanti di Sodoma davanti a Yahuah e gli chiese misericordia cominciando con cinquanta giusti:

Berēshīṯh (Genesi) – Capitolo 18: versetti 23–24:

E si avvicinò Abrâhâm e disse: «Distruggerai anche il giusto con l'empio? Forse vi sono cinquanta giusti dentro la città: distruggerai anche e non perdonerai al luogo per i cinquanta giusti che sono dentro di essa?»

Ma non c'erano cinquanta persone giuste in quelle città.

Allora Abraham scese da cinquanta a quaranta, a trenta, a venti e finalmente a dieci.

Tra tutti gli abitanti di quelle città non c'erano neppure dieci giusti, perché non erano abitate da un resto puro di Yahuah, ma dai resti maledetti dei nefelini.

Quando Abraham non poté ridurre oltre il numero, l'Angelo di Yahuah se ne andò.

Ma gli altri due angeli entrarono in città al tramonto e si sedettero nella piazza.

Tutti li videro arrivare, ma nessuno diede loro alloggio, eccetto Lot, nipote di Abraham, il quale aveva il chip dei puri o figli di Yahuah.

Berēshīṯh (Genesi) – Capitolo 19: Versetto 1:

E arrivarono dunque due angeli a Sedôm al cadere della sera; e Lôṭ stava seduto alla porta di Sedôm. E vedendoli Lôṭ, si alzò per riceverli e si prostrò con la faccia a terra.

Lot offrì loro alloggio; essi non volevano accettare, ma lui insistette, perché sapeva quanto fosse pericoloso che quei viandanti stessero apertamente in città.

Lot non aveva idea di chi fossero quegli uomini, ma i discendenti dei nefelini, che avevano parte di natura angelica, se ne accorsero immediatamente.

Essi percepirono all'istante che erano due angeli.

Lot non lo sapeva, ma gli abitanti della città (discendenti nefelini)sì. Allora andarono tutti alla casa di Lot per cercare quegli uomini.

Volevano «conoscerli» — cioè giacere con loro, avere rapporti, coito, sesso —, perché sapevano chi fossero.

Lot offrì loro le sue due figlie vergini, ma non erano interessati a vergini né a donne.

Erano interessati a ripetere il grande peccato dei loro padri: generare una nuova razza con gli angeli ancora una volta.

Per questo Yahuah affrettò la distruzione di quegli abitanti. E perché tu lo capisca con chiarezza: la distruzione degli abitanti discendenti nefelini,fu decretata contro i discendenti nefelini, mentre gli umani furono risparmiati da Yahuah.

Per secoli ci hanno insegnato che fu a causa dell'omosessualità, ma se omosessualità e lesbismo sono esistiti e sono peccati come gli altri che abbondano tra i discendenti maledetti dei nefelini, allora doveva esserci qualcosa di più dietro quelle azioni.

Sì, c'era: ricreare il grande peccato dei loro padri, unirsi con gli angeli per creare un'altra razza maledetta. Ma questa volta, Yahuah non lo avrebbe permesso.

Questa fu la vera ragione per cui Yahuah distrusse non solo Sodoma e Gomorra, ma anche tutte le città vicine.

Ma ricordiamo che solo quattro persone furono salvate o perdonate da tutta quella popolazione, e non per amore verso di loro, ma per amore di Abraham: Lot, sua moglie e le sue due figlie.

Berēshīth (Genesi) – Capitolo 19: versetto 29:

Così avvenne che, quando ĔLÔHÎYM distrusse le città della pianura, si ricordò ĔLÔHÎYM di Abrâhâm, e fece uscire Lôṭ di mezzo alla distruzione, quando devastò le città dove Lôṭ abitava.

Tuttavia, quelle tre donne portavano con sé le dottrine dei nefelini, poiché erano abitanti di Sodoma. Per questo la moglie di Lot, guardando indietro, si trasformò in una statua di sale.

Yôbêl (Giubilei) – Capitolo 16: Versetto 5:

In questo mese Yahuah eseguì i suoi giudizi su Sedôm, Ămôrâh, Tsebôıym e tutta la regione dello Yardén. Li bruciò con fuoco e zolfo e li distrusse fino ad oggi. Ecco, vi ho dichiarato tutte le loro opere: erano malvagi e peccatori oltre misura; si contaminavano, commettevano fornicazione nella loro carne e che operano impurità sulla terra.

Questa descrizione è quella del popolo dei nefelini. Comprendiamo ciò che realmente accadde: Sodoma, Gomorra e tutte le città vicine furono distrutte per il peccato dei nefelini.

8.2 Lot e le sue figlie – gli unici sopravvvissuti di Sodoma e Gomorra

(La discendenza di Amon e Moab, maledetta fin dall'origine).

Le figlie di Lot, che avevano vissuto nellala società dei nefelini e appreso le loro dottrine, idearono un piano: ubriacare il loro padre Lot e giacere con lui per avere discendenza.

A quanto pare, esse non comprendevano che c'erano altri esseri umani sulla terra e temevano di rimanere senza discendenza — secondo il loro ragionamento —.

Ma, desideravano davvero avere discendenza per servivano Yahuah?

Oppure lo facevano perché avevano imparato le pratiche corrotte dei nefelini? (Pensiero riflessivo).

La prima notte ubriacarono il loro padre Lot, e una di loro giacque con lui. Ripeterono l'atto la seconda notte. Ma che sorta di ebbrezza fu quella, se Lot apparentemente non si accorse di nulla, secondo il racconto di Berēshīth? (Pensiero riflessivo).

Una delle figlie ebbe Amon come figlio, e l'altra Moab. Questi furono i figli di quella unione aberrante tra le figlie e il loro padre.

Apparentemente, questa sembrerebbe la fine della storia, ma non lo è affatto.

La verità di questo racconto è stata occultata, ma non c'è verità nascosta che non venga alla luce.

Il Libro dei Giubilei ci dice che Yahuah maledisse la discendenza di quella unione perché Lot si era coricato con le sue figlie. È ovvio che Lot fosse consapevole di ciò che aveva fatto..

Non dobbiamo fingere né pensare che Lot fosse ignaro o non ricordasse quanto accaduto.

Per questo Yahuah lo maledisse e dichiarò il destino di Lot e della sua discendenza per sempre:

Yôbêl (Giubilei) – Capitolo 16: Versetti 8–9:

Ed egli e le sue figlie commisero peccato sulla terra, come non si era commesso sulla terra dai giorni di Adamo fino al loro tempo; poiché l'uomo si coricò con le sue figlie. Ed ecco, fu ordinato e inciso riguardo a tutta la loro discendenza, nelle tavole di shamayim, che fossero tolti e sradicati, e che fosse prinunciato contro di loro un giusdizio simile a quello di Sedom, e che non rimanesse discendenza dell'uomo sulla terra nel giorno della condanna.

Ai figli di questa unione — Amon (Ammoniti) e Moab (Moabiti) —

fu decretata la loro totale estinzionedalla faccia della terra, insieme a tutti i loro discendenti. Nessuno di questa stirpe rimarrà sulla terra nel giorno del giudizio finale. Tutti saranno completamente sterminati.

Tsephanyâhû (Sofonia) – Capitolo 2: versetto 9:

Perciò, com'è vero che io vivo, dice YAHUAH TSÂBÂ (   ), ĔLÔHÎYM di Yâshârêl, Môâb sarà come Sedôm, e i figli di Ammôn come Ămôrâh; campo d'ortiche, e miniera di sale, e desolazione perpetua: il resto del mio popolo li saccheggerà, e il resto della mia gente li erediterà.

Moab oggi è chiamata Giordania e Ammon estese i suoi confini a ovest fino al fiume Giordano, a nord fino a Galaad e a sud fino a Hesbon, tra il deserto di Siria e il fiume Giordano, e tra i fiumi Jabbok e Arnon, nell'attuale Giordania. In epoca persiana il termine «ammonita» era diventato meramente geografico e si applicava soprattutto alle tribù arabe che si erano insediate nel territorio dell'antico regno di Ammon. Milcom (forse una variazione di Moloch) era la divinità principale, mentre El, Baal e la divinità lunare erano anche altre divinità di rilievo.

8.3 L'Eredità dei Vigilanti

(I segreti trasmessi dai caduti che ancora governano l'umanità)

8.3.1 Insegnamenti degli angeli Vigilanti

(I misteri rivelati che corrompevano la terra)

Si è sempre detto che il declino dell'umanità provenne dagli insegnamenti proibiti che gli angeli Vigilanti impartirono alle loro donne, e queste ai loro figli, diffondendoli così nella società.

Per comprendere meglio le ramificazioni di questi insegnamenti, ricordiamo ciò che dice:

Chănôk (Enoc) – Capitolo 10: versetto 7:

... affinché tutti i figli degli uomini non si perdano a motivo del mistero che i Vigilanti scoprirono e insegnarono ai loro figli.

Questo mistero, che tanto affascina l'umanità, è ldivenuto la causa della sua rovina.

E' naturale che affascini i discendenti dei nefelini, perhè appartiene almloro lingiaggio;per i figli di Yahuah, invece, non è che una dottrina demoniaca..

Chănôk (Enoc) – Capitolo 16, versetto 3:

Voi siete stati in shamayim, ma non vi erano stati rivelati tutti i misteri, e conoscevate alcuni senza valore, e con la durezza dei vostri cuori li avete fatti conoscere alle donne, e mediante questi misteri, donne e uomini hanno moltiplicato il male sulla terra.

I Vigilanti che discesero sulla terra rivelarono agli uomini ciò che era segreto e li ispinsero al peccato..

A ciò si aggiunge la grande colpa di Qeynan, che trasmise gli insegnamenti dei Vigilanti all'umanità, divenendone il precursore..

Poichè sappiamo che Babele è la culla dei discendenti dei nefelini, si comprende che tutti gli insegnamenti occulti, proibiti e demoniaci provengono da loro. Ma quali sono questi insegnamenti?

Capitolo 9
Insegnamenti dei Vigilanti

I misteri rivelati dai caduti: magia, guerra, astri e la radice dell'occultismo umano)

9.1 Magia, armi, cosmologia e l'origine occulta di ogni conoscenza proibita

Chănôk (Enoc) – Capitolo 7:,versetto 1:

E tutti gli altri, insieme con loro, presero mogli, e ciascuno ne scelse una per sé, e iniziarono ad avvicinarsi a loro e a contaminarsi con loro, e insegnarono incantesimi e sortilegi, e a tagliare radici, e insegnarono le piante.

9.1.2 La stregoneria (incantesimi)

La stregoneria è l'insieme di credenze, conoscenze pratiche e attività attribuite a certe persone chiamate streghe o stregoni, i quali suppongono di possedere abilità magiche.

Sebbene molti non familiarizzino con il concetto, la farmakía appartiene a questo genere o pratica dei nefelini, dove la farmakía è l'antica pratica delle streghe o fattucchiere.

Apokálypsis (Apocalisse) – Capitolo 9, versetto 21:

Non si pentirono né dei loro omicidi, né della loro farmakía, né della loro idolatria, né dei loro furti.

9.1.3 La magia (incantamenti)

La magia, intesa come arte o scienza occulta, consiste in credenze e pratiche che cercano di produrre risultati soprannaturali mediante rituali, scongiuri e invocazioni.

Il termine "magia" viene anche usato per indicare l'arte dell'illusionismo, che impiega tecniche o trucchi per creare illusioni o effetti speciali in spettacoli di intrattenimento.

9.1.4 Il taglio di radici e l'uso di piante

Questa pratica ha connotazione negativa, cioè gli insegnamenti per usarle per il male, nella stregoneria, fattucchieria, magie e altre arti, pozioni o elisir del male. Questo non include l'uso delle piante per scopi medicinali guidati da Yahuah.

Il ramo della farmakía è formato da queste tre pratiche primordiali dei nefelini.

Apokálypsis (Apocalisse) – Capitolo 18: Verso 23:

E luce di lampada non brillerà più in te, né voce di sposo né di sposa si udrà più in te; perché i tuoi mercanti erano i grandi della terra, poiché per la tua farmakía furono ingannate tutte le nazioni.

9.2 Bere sangue

Questa è una delle pratiche preferite dei nefelini e dei loro discendenti, la quale è passata alle nostre generazioni e imperversa oggi in forma diretta, spesso senza che ce ne accorgiamo. Bere sangue è lo stesso che mangiare sangue.

Wayyīqrā (Levitico) – Capitolo 17:,versetto 14:

Poiché l'anima di ogni carne, la sua vita, è nel suo sangue; perciò ho detto ai figli di Yâshârêl: Non mangerete il sangue di alcuna carne, perché la vita di ogni carne è il suo sangue; chiunque lo mangerà sarà reciso.

Debārīm (Deuteronomio) – Capitolo 12: versetto 23:

Soltanto impegnati a non mangiare sangue: perché il sangue è la vita; e non devi mangiare la vita insieme con la sua carne.

Prásso (Atti) – Capitolo 15: versetto 29:

Che si astengano dalle cose sacrificate agli idoli, e dal sangue, e dal soffocato, e dalla pornia; dalle quali cose se si allontanano, faranno bene. Saluti.

Chănôk (Enoc) – Capitolo 7: Versetts 5:

E iniziarono a peccare contro gli uccelli, le bestie, i rettili e i pesci, e a divorare la carne gli uni degli altri e a bere il sangue.

Nel mio paese, nella Repubblica Dominicana, esiste una pratica comune a cui molti partecipano e che amano: si chiama mangiare "morcillas". Queste sono preparate con le budella degli animali e riempite con il sangue dell'animale. Questa pratica assume molti nomi a seconda del paese.

America Latina: Moronga (Messico, Nicaragua, El Salvador,

Guatemala e Honduras). Sangrecita (Perù). Prieta (Cile). Rellena (alcuni paesi latinoamericani).

Spagna: Morcilla (il nome più comune, con varianti regionali come di Burgos, di León, di Palencia o di Beasain). Fariñón o Fariñona (Asturie). Emberzao o Pantrucu (Asturie).

Altri paesi: Blutwurst (Germania e Austria, significa "salsiccia di sangue"). Morcilla di Colonia (Flönz) (Renania, Germania). Soondae (Corea). Dinuguan (Filippine).

9.3 Asael (Azazel) e la tecnologia della guerra e della vanità

Chănôk (Enoc) – Capitolo 8: versetto I:

E Ăzâzêl insegnò agli uomini a fabbricare spade, coltelli, scudi e corazze, e fece loro conoscere i metalli della terra e l'arte di lavorarli, braccialetti e ornamenti, l'uso dell'antimonio, l'abbellimento delle palpebre, ogni genere di pietre preziose e tutti i coloranti.

Cosi si diffuse ogni ingiustizia sulla terra, poichè rivelò segreti eterni che si compiono nei cieli;e tutti iniziarono a rivelare segreti alle loro mogli.

• Insegnò a fabbricare spade di ferro: strumenti di guerra e morte.

• Corazze di rame: strumenti per proteggersi in guerra.

• Oro e argento in braccialetti e ornamenti: vanità e ornamenti superflui.

• Alle donne antimonio: associato principalmente alle donne per l'uso storico nei cosmetici per delineare occhi e sopracciglia.

• Trucco degli occhi

• Pietre preziose

• Tinture

Potete visitare i collegamenti che si trovano in nota in ciascuna di queste pratiche per vederne meglio l'evoluzione e dove si trovano oggi, senza dimenticare che in realtà ignorano la vera origine di tali pratiche, che sono i nefelini.

9.4 Altri Vigilanti e i loro insegnamenti nefelini

Chănôk (Enoch) – Capitolo 8: versetto 3:

Semyaza insegnò incantesimi e talee di radici; Armaros, la risoluzione degli incantesimi; Baraqiyal, l'astrologia; Kokhebel, le costellazioni; Ezeqeel, la conoscenza delle nubi; Araqiel, i segni della terra; Shamsiel, i segni del sole; e Sariel, il corso della luna.

• Semyaza: Incantesimi e taglio di radici.

• Hermoni (Amaros): Spezzare incantesimi, praticare stregoneria, magia e abilità affini. Ciò significa tutte le abilità connesse a queste pratiche; anche se oggi possano avere nomi diversi, non fa differenza, poiché alla fine sono gli insegnamenti diabolici tramandati di generazione in generazione.

• Baraqel: I segni dei fulmini (astronomia).

• Kokabel: I presagi delle stelle (costellazioni) – astronomia e astrologia.

• Zeqel: I lampi (conoscenza delle nubi) e i loro significati – astronomia e astrologia.

• Artaqof (Araqi-el): I segni della terra – geodesia, topografia.

• Shamsiel: I presagi del sole – astrologia, fisica solare e eliofisica.

• Sahariel: Quelli della luna (corso della luna) – astrologia, selenografia.

Chănôk (Enoc) – Capitolo 9: versetto 6:

Vedi ciò che ha fatto Ăzâzêl, che insegnò ogni ingiustizia sulla terra e rivelò i segreti eterni che si conservavano nello shâmayim, e che gli uomini lottavano per imparare.

Chănôk (Enoc) – Capitolo 19, versetto 1:

E Ûrıyêl mi disse: Qui staranno gli angeli che si sono uniti alle donne, e i loro spiriti, adottando varie forme, stanno contaminando l'umanità e la svieranno affinché sacrifiche a demoni come a dei. Qui rimarranno fino al giorno del gran giudizio, quando saranno giudicati e condannati alla distruzione.

Sacrificare a demoni come dei è esattamente come avviene oggi, anche se molti non possiamo vederlo o accettarlo.E' Pratica principale dei nefelini, volta a trascinare quante più anime possibilie nella perdizione con loro.

Chănôk (Enoc) – Capitolo 69: versetti 8 e 12:

E il quarto si chiamava Penemuel: insegnò ai figli degli uomini l'amaro e il dolce, e insegnò loro tutti i segreti della sua sapienza. E istruì l'umanità, nell'arte della scrittura, con inchiostro e carta... E il quinto si chiamava Kasdeya. Costui mostrò ai figli degli uomini tutti gli attacchi perversi degli spiriti e dei demoni, e gli attacchi dell'embrione nel grembo, affinché muoia, e gli attacchi dell'anima, i morsi del serpente, e gli attacchi che avvengono per il calore di mezzogiorno, il figlio del serpente chiamato Tabaet.

• L'amaro e il dolce: La dolcezza del male svanisce presto, ma la sua amarezza rimane. Finge di dare vita, ma la ruba, incantando i sensi mentre corrode lo spirito.

• Scrittura con inchiostro e carta: Il male si scrive come inchiostro scuro su un foglio puro. All'inizio la macchia sembra piccola, ma si espande, macchiando ciò che prima era pulito. Non distrugge il foglio, ma copre il suo scopo, riscrivendo la verità con menzogne. Solo la Parola di Yahuah può ripulire la pagina e restaurarne la luce.

• Attacchi perversi dei demoni: Manifestazioni spirituali maligne che cercano di opprimere, ingannare e sviare il credente mediante paura, tentazioni o afflizioni dell'anima e del corpo.

• Attacchi all'embrione (Aborto): Una delle corruzioni più oscure insegnate dai Vigilanti, dove la vita viene distrutta prima di nascere. Questo atto riflette la ribellione contro il dono sacro di Yahuah, spegnendo una luce prima del tempo e trasformando il grembo, progettato per la vita, in un luogo di morte.

• Attacchi dell'anima: Aggressioni invisibili che mirano a spezzare la fede, la speranza e l'identità spirituale. Operano mediante colpa, timore e confusione, tentando di spegnere la connessione dell'essere umano con Yahuah e di seminare vuoto interiore dove prima abitavano pace e verità.

E alcuni ancora si chiedono quale sia l'origine della pratica dell'aborto. Ebbene, è chiaro che è un insegnamento nefelino usato per distruggere l'umanità o creazione di Yahuah. Se leggiamo bene, potremo capire le tattiche o pratiche del nemico per cercare di distruggere il popolo di Yahuah.

9.5 Riepilogo delle pratiche principali dei nefelini

Abbiamo un elenco delle pratiche principali dei nefelini, che potete rivedere e studiare quanto volete. Tuttavia, ricordate che questo elenco presenta solo l'essenziale: non include tutte le variazioni di tali pratiche attraverso gli anni e le generazioni, né tutti i diversi nomi o ramificazioni che i nefelini hanno creato nell'umanità per continuare a confondere.

Questo elenco presentale pratiche originarie (non tutte le variazioni storiche né i diversi nomi assunti):

• Stregoneria / Fattucchieria / Magia (incantesimi, scongiuri, invocazioni)

• Farmakía (pozioni, droghe, preparati rituali)

• Astrologia / Omenologia (sole, luna, costellazioni, fulmini, nubi)

• Metallurgia bellica (spade, scudi, corazze) e vanità (ornamenti, cosmetici)

• Consumo di sangue e corruzione delle creature (ibridazioni)

Yôbêl (Giubilei) – Capitolo 12: versetti 16–20:

E nella sesta settimana, nel suo quinto anno, Abraham stette tutta la notte all'inizio del settimo mese per osservare le stelle dalla sera al mattino, per vedere come sarebbe stato il carattere dell'anno riguardo alle piogge. Era solo mentre sedeva e osservava. E una parola entrò nel suo cuore e disse: «Tutti i segni delle stelle, e i segni della luna e del sole sono tutti nella mano di Yahuah. Perché li cerco? Se egli vuole, fa piovere, mattina e sera; e se egli desidera, non lo fa, e tutte le cose sono nella sua mano». E pregò quella notte e disse: mio Êlôhîym, Êlôhîym Elyôn Êl, solo tu sei il mio Êlôhîym, solo te ho scelto come mio signore e mio Dominio. E tu hai creato tutte le cose, e tutte le cose che sono opera delle tue mani. Liberami dalle mani degli spiriti maligni che dominano i pensieri dei cuori umani, e non permettere che mi svii da te, mio Êlôhîym. E rafforzami me e la mia discendenza per sempre, affinché non deviamo d'ora in avanti e per sempre.

Sembrerebbe qualcosa di innocuo ciò che Abraham stava facendo; ma, se è innocuo e non è per il male, né fa danno secondo il pensiero dell'umanità — in particolare osservare le stelle o le costellazioni per determinare le piogge dell'anno —, perché fu ripreso? La pratica di osservare le stelle e le costellazioni per predire se ci sarà pioggia, tempeste o qualsiasi altra cosa non è gradita a Yahuah; è una pratica dei nefelim.

E quando Abraham comprende il suo errore, prega e si pente, ci condivide qualcosa di potente: «Liberami dalle mani degli spiriti maligni che dominano i pensieri dei cuori umani».

A questo chiamiamo influenze maligne che si aggirano nel pensiero delle persone, persino dei figli di Yahuah: questo è tutto ciò che gli spiriti maligni o demoni possono fare. Allora, il nostro compito è supplicare Yahuah che ci liberi da queste influenze e pensieri.

Chănôk (Enoc) – Capitolo 54: versetto 6:

... Affinché Yahuah dei ruach si vendichi di loro per essersi fatti sudditi dell'avversario e per sviare coloro che abitano sulla terra.

I demoni o nefelini, con i loro insegnamenti, sviano e conducono l'umanità alla sua perdizione, anche se non lo accettiamo o vogliamo vedere. Yahuah alla fine si vendicherà di tutti loro per essere stati strumenti dell'avversario e per aver sviato gli umani. Questa è la verità biblica.

9.6 I Nefelini nelle Scritture

(Riferimenti biblici diretti sulla loro esistenza)

Berēshīṯh (Genesi) 6:4:

«C'erano Nephîyl (לֹיפִ֔ן) sulla terra in quei giorni, e anche dopo che vennero i figli di ĔLÔHÎYM alle figlie degli uomini, ed esse partorirono loro dei figli. Questi furono i prodi che fin dall'antichità furono uomini di rinomerinomanza».

Questa è la prima menzione in Bereshith dell'esistenza dei Nefilini (o Nephiyl), e come puoi vedere, dichiara chiaramente che si mescolarono con donne e produssero uomini potenti; in altre parole, esattamente ciò che abbiamo detto fin dall'inizio: i giganti, o Nefilini.

9.7 I Nefelini nella Terra Promessa

(Giganti che abitarono in Canaan)

Môsheh invia a riconoscere la terra, e gli esploratori giungono alla terra di Chebrón (Hebron), abitata da:

Bemīḏbar (Numeri) 13:22:

«*E salirono dal sud, e vennero fino a Chebrôn; e là stavano Ăchîyman, Shêshay e Talmay, figli di Ânâq. Chebrôn fu edificata sette anni prima di Tsôan, la città di Mitsrayim*».

A Chebrón c'erano Ăchîyman, Shêshay e Talmay — nefelini —, figli degli Ânâq (angeli vigilanti). Chebrón fu edificata sette anni prima di Tsôan, in Mitsrayim (Egitto). Questo indica che Tsôan in Egitto è anch'essa di origine nefelina.

Bemīḏbar (Numeri) 13:33:
«*Vedemmo là anche i Nephîyl (לְ׳פִים), figli di Ânâq, razza dei Nephîyl; e noi eravamo ai nostri occhi come cavallette; e così eravamo ai loro occhi*».

Vediamo che i giganti o Nephîyl (nefelini) sono dunque figli degli Ânâq (angeli vigilanti).

9.8 I Figli di Ânâq

(I discendenti diretti dei Vigilanti)

Debārīm (Deuteronomio) 9:2:
«*Un popolo grande e alto, figli di Ănâqıy (עֲנָקִי), dei quali hai conoscenza, e hai udito dire: "Chi potrà reggersi davanti ai figli di Ânâq (עֲנָק)?"*».

Ănâqîy è il gentilizio degli Ânâq, discendenti degli angeli vigilanti, meglio conosciuti nel mondo come gli Annunaqiy.

9.9 Kâlêb e i Figli di Ânâq

(L'espulsione dei giganti per la fede del giusto).

Yahusha (Giosuè) 15:13:
«Ma a Kâlêb, figlio di Yephûnneh, diede una parte tra i figli di Yahûdâh, secondo il comando di YAHUAH a Yahusha: cioè, Arba, padre di Ânâq, che è Chebrôn».

Arba (Qiryath-Arba) è il padre degli Ânâq, che erano in Chebrón; dunque Arba è discendente degli angeli vigilanti nefelini. Da lui procedono gli Anaqiy o Anaq, conosciuti nella storia come gli Annunaqiy.

Kâlêb scacciò i tre figli di Ânâq, cioè i giganti discendenti dei nefelini che abitavano in Arba, cioè Chebrón, nelle regioni montuose di Yahudah. Le Scritture ti dicono chiaramente chi sono i nefelini, dove si stabilirono e quali città governavano, ma è ovvio che non vogliamo vedere la verità, perché questo significherebbe che siamo stati ciechi o in errore, e nessuno vuole riconoscere di essere stato in errore.

9.10 I Râphâ, Zûzîym ed Êymîym

(I resti ibridi tra le nazioni vicine).

Berēshīṯh (Genesi) 14:5:
«E nell'anno quattordicesimo venne Kedorlâômer e i re che erano dalla sua parte, e sconfissero i Râphâ in Ashterôth Qarnayim, gli Zûzıym in Hâm, e gli Êymîym in Shâwêh Qiryâthayim».

Râphâ, Zûzîym ed Êymîym sono diversi nomi dei resti dei nefelini o giganti.

Debārīm (Deuteronomio) 2:10–11:

«Gli Êymıym abitarono in essa prima: popolo grande, numeroso e alto come gli Ănâĝıy. Per Râphâ erano anch'essi contati, come gli Ănâĝıy; e i Môâßıy li chiamavano Êymıym».

Debārīm (Deuteronomio) 2:20:

«Per terra di Râphâ fu anch'essa considerata: abitarono in essa i Râphâ in altro tempo, ai quali gli Ammônıy davano il nome di Zamzôm».

9.11 Og di Bâshân – Ultimo Re Gigante

(L'ultimo baluardo dei nefelini sulla terra)

Debārīm (Deuteronomio) 3:10:

«Tutte le città della pianura, e tutta Gilâd, e tutto Bâshân fino a Salkâh ed Edrêıy, città del regno di Ôg in Bâshân».

Og di Bashan fu uno degli ultimi re giganti nefelini.

Debārīm (Deuteronomio) 3:13:

«E il resto di Gilâd, e tutto Bâshân, del regno di Ôg, lo diedi alla mezza tribù di Menashsheh; tutta la terra di Argôb, tutto Bâshân, che era chiamata terra dei Râphâ».

Bashan è conosciuta come "la terra dei giganti nefelini". Eppure molti non vedono,nè tanto meno leggono ciò che le scritture dichiarano apertamente:è la Terra dei giganti,gioè dei nefelini

Capitolo 10
I Giganti ai tempi di Dâwid
(La guerra finale tra i servi di Yahuah e i discendenti dei giganti)

10.1 Golyath di Gath

1 Shemûêl (1 Samuele) 17:4

«Uscì allora dal campo dei Pelishtıy un uomo che si pose tra i due schieramenti; si chiamava Golyath (   ), di Gath, e aveva un'altezza di sei cubiti e un palmo».

Il gigante Golyath era discendente dei nefelini. Ricordiamo che i Filistei stessis erano di stirpe nefelina; per questo motivo,la maggior parte dei giganti delle Scritture provenivano da loro.

Berēšhīṯh (Genesi) – Capitolo 10: versetto 14:

«E i Pathrûŝıy (יַסְרְתַף), i Kaslûcĥıym (מִיחְלְסַכ) "Chasmoniyn", da cui uscirono i Pelishtıy, e i Kaphtôrîy (יֹרֹתפַכ)».

Da questo comprendiamo che i padri dei filistei sono gli «Asmonei/Hasmonei». Pertanto, i padri sono i progenitori dei nefelini abitanti tra i filistei.

10.2 Altri giganti caduti per mano di Dâwid e dei suoi servi

2 Shemûêl (2 Samuele) 21:16–17

«E Yishbô Benôb, che era dei figli di Râphâ, e il cui peso della lancia era di trecento sicli di metallo, ed egli aveva cinto una spada nuova, cercò di colpire Dâwid. Ma Ăḇıyshay, figlio di Tserûyâh, lo soccorse, colpì il Pelish̄ı̄y e lo uccise».

Yishbô Benôb, discendente dei giganti nefelini, cadde per mano di Abiyshay.

2 Shemûêl (2 Samuele) 21:18–22

«Ci fu poi una seconda guerra in Gôb contro i Pelishı̄y: allora Sibbekay il Chûshâthı̄y colpì Saph, che era dei figli di Râphâ. Ci fu un'altra guerra a Gôb contro i Pelishı̄y, nella quale Elchânân , figlio di Yaărêy Ôreĝıym, un Bêyth Hallachmı̄y, colpì Golyath il Gitı̄y, il cui asta della lancia era come una trave di tessitore. Poi ci fu un'altra guerra a Gath, dove vi era un uomo di grande statura, che aveva dodici dita nelle mani e dodici nei piedi, in tutto ventiquattro; anch'egli era dei figli di Râphâ. Costui sfidò Yâshârêl, e lo uccise Yahônâthân, figlio di Shimâ, fratello di Dâwid. Questi quattro erano nati a Râphâ in Gath, i quali caddero per mano di Dâwid e dei suoi servi».

Anche il fratello di Dâwid abbatte uno di questi giganti nefelini. In totale, quattro giganti furono abbattuti da Dâwid e dai suoi uomini.

10.3 Presenza nefelina lungo tutte le Scritture

Come possiamo osservare, i nefelini -o giganti -sono presenti in tutte la Scrittura; sebbene alcuni neofiti sostengano che si trattasse soltanto di uomini di rande statura, la Parola è chiara:erano giganti,discendenti diretti dei nefelini.. Comprendo che molti esitino e non vogliano in alcun modo accettare queste verità, perché farlo significherebbe essere stati stati ingannati o in errore;

e nessuno vuole riconoscere di essersi sbagliato — peggio ancora quando questo infrange il velo di menzogna che ci ha avvolti per secoli, impedendoci di vedere e riconoscere i figli delle tenebre.

La presenza nefelina si estende lungo tutta la storia della Scrittura: da Nôach, ai patriarchi, ai giudici, ai re, ai profeti, fino ad arrivare ai nostri tempi. Raccontare ogni azione di questa discendenza maledetta richiederebbe più di un libro;qui ne osserviamo solo alcuni frammenti.

10.4 Adorazione di Baal (profeti e re che la affrontarono)

1) Gid'on (Gedeone) — Idolo: Baal, Asherah (Baʿal, ʾAšerah)

Scrittura: Shophetim / Giudici 6:25–32

Sintesi: Distrusse l'altare di suo padre dedicato a Baal e tagliò il palo di Asherah, ristabilendo il culto di Yahuah.

2) Achâb (Acab) e Îyzebel (Jezabel) — Idolo: Baal, Asherah

Scrittura: 1 Melakim / Re 16:31–33

Sintesi: Introdussero in Yâshârêl il culto fenicio di Baal e innalzarono un tempio e a Shomrón (Samaria).

3) Êlîyâhû (Elia) — Idolo: Baal

Scrittura: 1 Melakim / Re 18:17–40

Sintesi: Sfidò 450 profeti di Baal sul Monte Karmel; Yahuah rispose con fuoco, manifestando la Sua supremazia.

4) Ĕlîyshâ / Yêhû (Eliseo / Ieu) — Idolo: Baal

Scrittura: 2 Melakim / Re 10:18–28

Sintesi: Yehu distrusse il tempio e i sacerdoti di Baal, compiendo il giudizio di Yahuah dichiarato da Eliyahu.

5) Hoshea (Osea) — Idolo: Baal, Ashtarot

Scrittura: Hoshea 2:8–13; 13:1–2

Sintesi: Condannò Yâshârêl per adulterio spirituale, allontanandosi da Yahuah per seguire i Baalim (baal).

6) YirmeYahu (Geremia) — Idolo: Baal

Scrittura: YirmeYahu 2:8; 19:5; 32:35

Sintesi: Denunciò Yahudah (Giuda) per offrire incenso a Baal e sacrificare bambini a Molek.

7) TsefanYahu (Sofonia) — Idolo: Baal

Scrittura: TsefanYahu 1:4–6

Sintesi: Profetizzò che Yahuah avrebbe eliminato il nome di Baal da Yahudah.

10.5 Asherah / Regina del Cielo

Shelomoh (Salomone) — Idolo: Ashtoreth (ʿAštōret)

Scrittura: 1 Melakim / Re 11:4–8

Sintesi: Edificò luoghi alti per Ashtoreth e Kemosh sotto l'influsso delle sue mogli straniere.

YirmeYahu (Geremia) — Idolo: Regina del Cielo (Ishtar/Astarte)

Scrittura: YirmeYahu 7:18; 44:17–19

Sintesi: Condannò il popolo per cuocere focacce e bruciare incenso alla Regina del Cielo (dea della fertilità e del cielo).

Mikhah (Michea) — Idolo: Asherah e immagini scolpite

Scrittura: Mikhah 1:6–7; 5:13

Sintesi: Profetizzò che Yahuah avrebbe distrutto tutti gli idoli e i pali sacri del paese.

10.6 Molek / Sacrificio di bambini (Topheth nella Valle di Hinnom)

Achâb — Idolo: Molek (Mōlek̲)

Scrittura: 2 Melakim / Re 16:3–4

Sintesi: Fece passare suo figlio per il fuoco, imitando le pratiche abominevoli dei Kenaʿanim (Cananei).

Menashsheh (Manasse) — Idolo: Molek, Baal

Scrittura: 2 Melakim / Re 21,3–7

Sintesi: Riedificòaltari a Baal, innalzò un palo di Asherah e sacrificò i suoi figli nel fuoco.

YirmeYahu (Geremia) — Idolo: Molek

Scrittura: YirmeYahu 7:31; 19:5; 32:35

Sintesi: Condannò il sacrificio di figli e figlie nella Valle di Hinnom (Topheth).

10.7 Vitelli d'oro e centri di culto falsi

Aharon / Yâshârêl — Idolo: Vitello d'oro

Scrittura: Shemoth / Esodo 32:1–35

Sintesi: Yâshârêl adorò un vitello d'oro sul monte Sinai, proclamandolo il proprio dio; l'ira di Yahuah si accese contro di loro.

Yerov'am (Geroboamo) — Idolo: Vitelli d'oro

Scrittura: 1 Melakim / Re 12:28–33

Sintesi: Collocò vitelli a Beit-El e Dan per impedire che il popolo andasse a Yerushalayim, dicendo: «Questi sono i tuoi dèi, o Yâshârêl!».

Chizqiyahu (Ezechia) — Idolo: Nehushtan (serpente di bronzo)

Scrittura: 2 Melakim / Re 18:4

Sintesi: Distrusse il serpente di bronzo quando il popolo iniziò a bruciargli incenso.

10.8 Adorazione del sole, delle stelle e dell'"esercito del cielo"

Menashsheh (Manasse) — Idolo: Esercito del cielo

Scrittura: 2 Melakim / Re 21:3–5

Sintesi: Costruì altari ai corpi celesti dentro il Tempio di Yahuah e adorò l'esercito dei shamayim (cieli).

Yechezqê'l (Ezechiele) — Visione 1 — Idolo: Idolo di gelosia

Scrittura: Yechezqê'l 8:5–6

Sintesi: Un'immagine provocatrice vicino alla porta nord che causava gelosia in Yahuah.

Yechezqê'l (Ezechiele) — Visione 2 — Idolo: Immagini e creature scolpite

Scrittura: Yechezqê'l 8:10–12

Sintesi: Settanta anziani offrivano incenso davanti a incisioni di abominazioni scolpite sulle mura del Tempio.

**Yechezqê'l (Ezechiele) — Visione 3 (esplicita) — Idolo: Donne che piangono Tammûz (Tammūz)

Scrittura: Yechezqê'l 8:14

Sintesi: Donne sedute alla porta nord della casa di Yahuah che piangevano Tammûz.

Yechezqê'l (Ezechiele) — Visione 4 — Idolo: Adorazione del sole

Scrittura: Yechezqê'l 8:16–18

Sintesi: Venticinque uomini adoravano il sole verso oriente dentro l'atrio interno del Tempio.

Amos — Idoli: Sikkuth, Kiyun

Scrittura: Amos 5:25–27

Sintesi: Condannò Yâshârêl per aver portato immagini di divinità astrali insieme al culto di Yahuah.

10.9 Idoli babilonesi (Bel, Nebo, Drago)

YashaYahu (Isaia) — Idoli: Bel, Nebo

Scrittura: YashaYahu 46:1–2

Sintesi: Si beffò degli dèi babilonesi che devono essere portati dagli uomini e non possono salvare se stessi.

Dânîyêl — Idoli: Bel, Drago

Scrittura: Bel e il Drago 1:1–28

Sintesi: Derisce gli dei Babilonesi,costretti a essere trasportati dagli uomini e incapaci di salvare persino se stessi.

10.10 Meditazione finale

Meditiamo su questa breve lista , comprendiamo come i nefelini siano sempre stati presenti, fungendo da inciampo e infiltrandosi nelle cose di Yahuah. L'idea cdiffusa secondo cui i nefelini e i loro discendenti appartengono al passato, è stata ben congegnata, tanto che molti vi hanno creduto; ma la realtà è più è piu profonda e più terrificante di quanto sembri. I nefelini e i loro discendenti sono in mezzo a noi, molto più vicini di quanto pensiamo; e alla fine di questi scritti vedremo con chiarezza — o resteremo totalmente ciechi.

Capitolo 11
Rimanente dei Nefelini nei Tempi del Nuovo Testamento

(L'infiltrazione del lignaggio maledetto nell'era apostolica)

11.1 Le tracce visibili dei nefelini nelle Scritture

Queste sono le tracce più visibili trovate nelle Scritture sui giganti nefelini, ossia al rimanente della loro stirpe.

Tuttavia, dobbiamo considerare altri fattori per comprendere al meglio la portata di questa razza maledetta.

Fattori nascosti che ampliano la comprensione della razza maledetta

Analizziamo ora un versetto specifico per iniziare a smentire la razza o i discendenti dei nefelini.

E' chiaro che Babel è la culla dei nefelini, e che essi furono dispersi per tutte le nazioni, tribù, popoli e lingue. Ma inizieremo con qualcosa di antico e insolito per questo percorso.

L'enigma di Genesi 10:14
Genesi 10:14 "e i Patrosoniim, e i Chasmoniim (da dove sorsero i Phylistiim) e i Gaphthoriim." (Brenton's Septuagint Translation).

Berēshīṯh (Genesi) - Capitolo 10: versetto-14:
E a Pathrûsiy (יִסְרְתַפ), e a Kaslûchiym (םיִחֶלְסַכ) e a Chasmoniym da dove uscirono i Pelishtiy, e a Kaphtôriy (יִרֹתְפַכ).

I discendenti di Châm (Cam) e la mescolanza con il sangue nefelino

Tutti questi provengono dalla discendenza di Châm (Cam), stabilitasi nella regione di Canaan, i quali sono quelli che si mescolarono con il sangue nefelino, creando quella generazione che abbiamo oggi.

La differenza testuale nella Settanta

Come potete vedere, nella versione Settanta esiste una differenza nel testo, lì vi è scritto "Chasmoniin". Nel passo di Berēshīthh sono elencati 4 gruppi:"Pathrûsîy, e a Kaslûchîym da dove uscirono i Pelishtîy (filistei), e a Kaphtôrîy (gath)". Se studiate attentamente la divisione della terra nei tempi di Nôach, vi renderete conto che ognuno di questi gruppi sono discendenti o abitati da nefelini, includendo i filistei e gath o kapthroriy (gath), da dove provengono tutti i giganti.

"Chasmoniin": la pista nascosta e il nome cancellato dei filistei

Tuttavia, la Settanta ci dà un indizio in più "Chasmoniin" che sono i conosciuti come "Asmonei" che sono gli stessi che i filistei, solo che con nome diverso. Il nome "Asmonei" è stato occultato per secoli per molte ragioni; per giustificarne l'origine, fu creato falsamente il libro dei Maccabei, nel periodo compreso tra Malachia e Matteo (tra Antico e Nuovo Testamento).

Sintesi rivelatoria iniziale

In sintesu e per maggior chiarezza, Babel, culla dei nefelini dispersi ovunque; da Kasluchiyn vengono i Pelishtiy (filistei), che portano lo stesso nome nascosto di "Hasmonei o Asmonei". Questo ci porta a comprendere un demone nefelino del quale ci parla il libro di Tobit.:un essere scacciato che si rifugia in egitto,dove stabilisce la propria dimora

Asmodeo: il demone nefelino rivelato

Asmodeo (ebraico: יאַדְמשׁא, ' Ašməddāy, greco antico: Ἀσμοδαῖος, Asmodaios) anche chiamato Asmodeus, Asmodaios, Asmodai, Hasmoday, Chashmodai, Azmonden o Sidonay, è uno dei principi dei demoni nella demonologia delle religioni abramitiche.

Asmodeo o Chasmodai, viene da aēšma-daēva" o "ashem – hashem, hashema" che è lo stesso che "Chasmoniyn o Asmonei".

11.2 Gli dèi delle nazioni e la loro connessione con i nefelinisi

*Melā**ḵ**īm (2 Re): Capitolo 17: versetto29-31:*
Ma ogni nazione si fece i suoi dèi, e li posero nei templi dei luoghi
alti che avevano fatto gli Shômerônîy; ogni nazione nella sua
città dove abitava. Quelli di Bâbel fecero Sûkkôth Benôth, e quelli
di Kûth fecero Nêrgal, e quelli di Chămâth fecero Ăshıymâ. Gli
Awwiym fecero Nibchaz e Tartâq; e i Sepharwıy bruciavano
i loro figli al fuoco ad Adrammelek e ad Ânammelek, dèi di
Sepharwayim.

Ashima / Aeshema / Asmodeo: il dio dei samaritani

Questo è il dio dei samaritani "ashima, aeshema, asmodeus", che è lo stesso padre dei filistei asmonei o chasmoniym. I Samaritani erano gli antichi abitanti di Cainan, terra che prende nome da Canaan, discendenza del padre dell'occultismo, Qeynan, colui che scoprì e diffuse gli insegnamenti occulti dei nefelini Cainan o Canaan la discendenza del padre dell'occultismo chiamato "Qeynan", lo stesso che trovò gli insegnamenti occulti dei nefelini, li copiò, imparò e propagò. Stai capendo?

Gli Asmonei: usurpatori del tempio ed eredi del lignaggio caduto

Intorno al 120 a.C., si produsse la rivolta o rivoluzione dei Chamonean o Asmonei, i quali usurparono il tempio, sostituirono il sommo sacerdote e rimasero allora essi come i presunti rappresentanti del tempio in quel tempo. Rimangono in totale potere, e quelli sono gli stessi che continuano la leadership ai tempi di Costantino e sono gli stessi leader dell'impero romano che abbiamo oggi.

Questo ci porta a chiederci, perché il termine fariseo, sadduceo o essenî non si trovano nell'Antico Testamento, bensì appaiono solo nel Nuovo Testamento. Questi gruppi fascisti tutti appartenenti allo stesso movimento o discendenza nefelina, avevano preso il controllo totale del tempio e di tutto ciò che aveva a che vedere con il religioso.

Il Sacerdote Malvagio e la profanazione del giorno di espiazione

"Além disso, o vinho é traiçoeiro; o homem arrogante se ensoberbece. Ma il nostro commentatore legge bôn ('ricchezza') al posto di hayyayin ('il vino') e spiega che il passo si riferisce al Sacerdote Malvagio, il cui cuore si innalzò giungendo al potere, al punto che abbandonò Dio e agì tradendo le ordinanze a causa della ricchezza (1Q pág. Hab. viii 10 s.): . Il Sacerdote Malvagio «perseguì il Maestro di Giustizia per divorarlo nella sua ardente furia, fino al punto di essere scoperto,» F.F. Bruce, «Il Rotolo di Habacuc del Mar Morto», Annuario della Società Orientale dell'Università di Leeds I (1958/59): 5-24. e, in occasione del sacro tempo di riposo, il giorno dell'espiazione, irruppe tra loro per divorarli e farli inciampare nel giorno di digiuno, il loro sabbat di riposo. Il regno e governo religioso degli Asmonei, progenitori dei filistei, nascosti ancestralmente affinché non sappiamo che i loro discendenti nefelini sono i farisei, sadducei ed essenî nel tempo di Yahusha Ha Mashiyach.

11.3 Yahusha e la confrontazione con la discendenza nefelina

(Il lignaggio della ribellione di fronte al Figlio dell'Uomo.)

Questo è il contesto che Yahusha Ha Mashiyach trova venendo per il suo popolo, e Yahusha è completamente chiaro e ti dice chi sono loro e qual è la loro discendenza, ti dice che sono "Figli di demoni" o è che non comprendi i termini usati da Yahusha, forse ti è più chiaro il termine "figli del loro padre il diavolo", o preferisci il termine "figli dei nefelini"? puoi scegliere quello che ti sembri migliore, tutti sono gli stessi e questi sono i gruppi nell'epoca di Yahusha, e questo è il contesto dove iniziamo nel Nuovo Testamento.

Chiarendo, i farisei, sadducei, essenî sono tutti servi e figli dei Chasmoniim, che sono i padri dei filistei, che a loro volta sono la discendenza nefelina. Nefelini, Ismaeliti, Edomiti, Asmonei (Chasmonei), Farisei, Essenî, Sadducei, Costantino (Impero Romano), tutti servi e seguendo la linea del loro progenitore Babel o nefelini.

11.4 Yôchânân the Baptistis (Juan el Bautista) – denuncia i nefelini.

(I farisei, i sadducei e la generazione di Echidna).

Mattithyâhû (Matteo) - Capitolo 3: versetto7:
E vedendo lui molti dei Pârâsh e dei Tsâdôq, che venivano al suo battesimo, diceva loro: Generazione di Echidna, chi vi ha insegnato a fuggire dall'ira a venire?

Nelle traduzioni tradizionali delle scritture troverete come "generazione di vipere", ma il termine in greco è ἔχιδνα "echidna". Dovete solo cercare in google, che cos'è "echidna" in greco e automaticamente capirete ciò che Yôchânân sta dicendo. "Nella mitologia greca, Echidna (in greco antico, Ἔχιδνα - Ejidna: «vipera»; in latino, Echidna) era una ninfa mostruosa che apparteneva alla stirpe delle Fórcidi, o mostri serpenti femminili."

Per quelli che poblanamente ancora non capiscono, Yôchânân sa chi sono loro, chi servono e qual è la loro genealogia o discendenza. Echidna è un demone femminile, che fu tradotto in latino come vipera per occultare il vero significato. E se Yôchânân sta dicendo loro che sono generazione di "echidna = demoni". Quale parte non comprendiamo?

E a chi li sta chiamando così "Pârâsh e Tsâdôq", intendasi i farisei e i sadducei, che sono i leader dopo l'usurpazione del tempio. Ma, forse ancora non è chiaro, perché ciò non lo disse Yahusha, vero?

11.5 Yahusha Ha Mashiyach si confronta con i nefelini

Mattithyâhû (Matteo) - Capitolo 12: versetto-34:
Generazione di Echidna, come potete parlare bene, essendo
malvagi? Perché dall'abbondanza del cuore parla la bocca.

Mattithyâhû (Matteo) - Capitolo 2: versetto-33:
Serpenti, generazione di Echidna! Come sfuggirete alla condanna
della Geenna?

Chi sta parlando in questi versetti e a chi sta parlando? Bene, dobbiamo solo leggere il contesto e vedremo che è Yahusha stesso che chiama i farisei e i sadducei generazione di echidna, generazione di demoni e per chiarire, è lo stesso che generazione di nefelini.

Il lavoro o ruolo di questa generazione di demoni, è stato dall'inizio, opporsi a tutto ciò che ha a che vedere con Yahuah, perseguire i seguaci di Yahuah, uccidere i seguaci o profeti di Yahuah. E cosa è esattamente quello che fanno con Yahusha? Questa generazione di echidna cerca di ucciderlo e tentano di ucciderlo varie volte, ma il suo tempo non era ancora arrivato.

Nella moltitudine di tutte le prediche e insegnamenti di Yahusha, c'erano sempre due gruppi principali:

Il primo gruppo di persone che genuinamente volevano ascoltare da Yahusha e conoscere di Yahuah.

-Il secondo gruppo che si opponeva a tutto quello che Yahusha diceva, questi erano i leader religiosi che avevano usurpato il tempio, cambiando il sommo sacerdote e istituita la loro religione che non era quella di Yahuah, bensì quella dei loro antenati o progenitori "i nefelini".

Presta molta attenzione quando Yahusha parla, che sempre quando parla prima si dirige al popolo bisognoso della sua parola e dopo ai figli o discendenti di demoni, echidna, nefelini, qualunque dei termini che comprendiate meglio.

Mattithyâhû (Matteo) - Capitolo 16: rsetto-4:
La generazione malvagia e adultera domanda segno; ma segno non le sarà dato, se non il segno di Yônâh il profeta. E lasciandoli, se ne andò.

Yôchânân (Giovanni) - Capitolo 8: versetto-44:
Voi siete dal padre vostro il Diábolos, e i desideri del padre vostro volete compiere. Egli, omicida è stato dall'inizio, e non rimase nella verità, perché non c'è verità in lui. Quando parla menzogna, da lui stesso parla; perché è bugiardo, e padre della menzogna.

Solamente vi condivido alcuni versetti perché tutta la scrittura è piena di questi gruppi e sempre li vedrete confutare, negare e cercare di smentire la verità di Yahusha con la menzogna del loro padre. E se Yahusha li chiama "figli del diavolo", ossia, figli di demone, allora, se il padre è il diavolo, che cosa sarebbero loro?

11.6 Maśțêmâh nel Nuovo Testamento

La tentazione di Yahusha, dove l'avversario viene e lo tenta con le scritture. Questo tentatore, non era un demone, non era un nefelino, questo tentatore è lo stesso angelo che vediamo nell'Antico Testamento, provando i seguaci di Yahuah.

In alcuni luoghi lo vedrete come satana, ma ricordate che la parola non è un gentilizio o nome proprio, questa parola significa avversario, nemico, oppositore. E' Per questo motivo che vedete Yahusha parlarecon questo angelo e, senza proferire né una sola parola o maledizione, semplicemente gli risponde con la verità della parola.

Mattithyâhû (Matteo) - Capitolo 4: Vversetto-3:
E avvicinandosi a lui il tentatore, disse: Se sei Figlio di Êlôhîym,
dì che queste pietre si convertano in pane.

Mattithyâhû (Matteo) - Capitolo 4: versetto-11:
Il Diábolos allora lo lasciò: ed ecco gli angeli giunsero e lo
servivano.

Διάβολος "diabolos": Un calunniatore, (cfr. [H7854]): - falso
accusatore, diavolo, calunniatore.

Questa è la parola in greco per capire quando Yahusha rimprovera il diavolo e se ne va. In altre parole rimprovera il calunniatore, tentatore, accusatore o diavolo.

Ma questa parola viene dall'ebraico H7854, śâṭân: un opponente, avversario, resistere.

Che è lo stesso personaggio che menzioniamo nell'Antico Testamento per il suo nome proprio "Maśṭêmâh". Che è lo stesso che chiede permesso per vagliare o tentare Pietro.

E il suo ruolo si estende per tutte le scritture e continuerà fino alla fine dei tempi.

Capitolo 12
Demoni (nefelini) nel Nuovo Testamento

(Evidenze del lignaggio caduto che opera sotto il travestimento di possessioni e malattie)

12. 1. Demoni o Spiriti Nominati
Legión

References: Markos (Mark) 5:1–20; Lukas (Luke) 8:26–39; Mattithyahu (Matthew) 8:28–34

Description: A multitude of demons possessing a man among the Gadarenes. They identify themselves: "Legion, for we are many." They begged Yahusha not to be sent out of the region and entered a herd of swine.

Beelzebul (Beelzebub)

References: Mattithyahu 12:24; Markos 3:22; Lukas 11:15

Description: Called the "prince of demons." The Pârâsh (Pharisees) accused Yahusha of casting out demons by Beelzebul. Related to Baal-Zebub, the Philistine god of Eqrón (2 Kings 1:2).

Satan / Adversary / the Devil (Mastemah)

References: Mattithyahu 4:1–11; Lukas 4:1–13; Yôchânân (John) 8:44; Apokálypsis (Revelation) 12:9

Description: The adversary and accuser; tempter and prince of the fallen messengers. He tempts Yahusha and opposes the truth of the Kingdom.

12.1.2 Types of Evil Spirits

Unclean Spirits

References: Markos 1:23–27; Lukas 4:33–36

Description: General term for demons that possess or torment people. Yahusha expels them with authority.

Deaf and Mute Spirit

References: Markos 9:17–29

Description: Causes muteness, deafness, and convulsions. Yahusha rebukes it: "You deaf and mute spirit, come out of him."

Spirit of Infirmity

References: Lukas 13:11–13

Description: A woman bent over for eighteen years is freed by Yahusha from a spirit of infirmity.

Spirit of Divination (Python)

References: Prásso (Acts) 16:16–18

Description: A servant girl possessed by a spirit of divination who brought profit to her masters. Shaul (Paul) cast it out in the Name of Yahusha Ha Mashiyach.

Spirit of Error / Anti-Mashiyah

References: 1 Yôchânân (1 John) 4:1–6

Description: A spirit that denies Yahusha is the Mashiyach and promotes false teachings.

Spirit of Fear

References: 2 Timotheos 1:7

Description: A demonic influence producing fear and cowardice; contrasted with the ruach of power, love, and self-control.

Spirit of Deception and Fornication

References: Efésios (Ephesians) 2:2; 1 Timotheos 4:1–2; Apokálypsis (Revelation) 18:2

Description: The spirit at work in the sons of disobedience, leading to idolatry, immorality, and spiritual corruption.

12.1.3 Collective or Symbolic Spirits

Seven More Wicked Spirits

References: Mattithyahu 12:43–45; Lukas 11:24–26

Description: When an unclean spirit goes out but finds no rest, it returns with seven worse, symbolizing relapse into greater evil.

Apollyon / Abaddon

References: Apokálypsis (Revelation) 9:11

Legion — Multitude of demons in one man.

References: Markos 5:9 (cf. 5:1–20; Lukas 8:26–39; Mattithyahu 8:28–34).

Beelzebul (Beelzebub) — Prince of demons.

References: Mattithyahu 12:24 (cf. Markos 3:22; Lukas 11:15).

Satan / Devil — Adversary, tempter, accuser.

References: Mattithyahu 4:1–11
(cf. Lukas 4:1–13; Yôchânân 8:44; Apokálypsis 12:9).

Unclean Spirits — Demonic entities in general.

References: Markos 1:23–27 (cf. Lukas 4:33–36).

Deaf & Mute Spirit — Causes muteness and deafness (with convulsions).

References: Markos 9:17–29.

Spirit of Infirmity — Causes physical deformity or affliction.

References: Lukas 13:11–13.

Spirit of Divination (Python) — Deception and fortune-telling.

References: Prásso 16:16–18.

Spirit of Error / Anti-Mashiyah — Promotes false doctrines; denies Yahusha as Mashiyach.

References: 1 Yôchânân 4:1–6.

Spirit of Fear — Produces fear and anxiety; opposed to the ruach of power, love, and self-control.

References: 2 Timotheos 1:7.

Description: The "Destroyer," king over the abyssal demons; ruler of the infernal locusts.

12.1.4 Summary

Seven Worse Spirits — Symbolizes relapse into greater evil after temporary deliverance.

References: Mattithyahu 12:43–45 (cf. Lukas 11:24–26).

Apollyon / Abaddon — Destroyer from the abyss; ruler of abyssal demons.

References: Apokálypsis 9:11.

12.2 Idols and Pagan Deities in the New Testament

(The pagan heritage that infiltrated the New Covenant)

12.2.1 Named Pagan Deities

Artemis (Diana) — Greek goddess (nephilim demon) of fertility and the moon; worshiped in Ephesus. Her temple was one of the Seven "Wonders" of the ancient world.

References: Prásso 19:23–41.

Zeus (Jupiter) — Chief Olympian god (nephilim demon). After a healing in Lystra, the crowd thought Bar-Nabah (Barnabas) was Zeus.

References: Prásso 14:11–13.

Hermes (Mercury) — Greek messenger god (nephilim demon). The people of Lystra identified Shaul as Hermes because he was the chief speaker.

References: Prásso 14:11–13.

Castor and Pollux (Dioscuri) — Twin sons of Zeus; patrons of sailors (Roman nephilim cult). The Alexandrian ship carrying Shaul bore their figurehead ("the Twins").

References: Prásso 28:11.

12.2.2 False Gods and Idols Mentioned Indirectly

"Unknown God" — Athenian altar to an unnamed deity; used by Shaul to proclaim Yahuah, Creator of shâmayim and earth.

References: Prásso 17:22–23.

Baal and Ashtoreth — False gods behind Yâshârêl's apostasies; cited by Shaul referencing the remnant who did not bow to Baal.

References: Rómĕos 11:4 (cf. 1 Melakim 19:18).

Mammon (mammōnas) — Personified deity of wealth; set in opposition to serving Yahuah.

References: Mattithyahu 6:24; Lukas 16:13.

Beelzebul (Beelzebub) — Derived from Baal-Zebub of Eqrón; called "prince of demons" in the NT.

References: Mattithyahu 12:24 (cf. Markos 3:22; Lukas 11:15).

12.2.3 Idolatry and Pagan Cults Condemned

Man-Made Idols — Lifeless works of gold, silver, stone, or wood; condemned throughout Scripture. Revelation warns that humanity "did not repent of worshiping demons and idols."

References: Prásso 17:29; Rómӗos 1:23; Apokálypsis 9:20.

Images of Men, Birds, and Beasts — Humanity exchanged the esteem due to Yahuah for images of creation. Shaul condemns this corruption of worship.

References: Rómӗos 1:23.

The Beast and Its Image — Symbol of end-time idolatry and worship of worldly power under satanic influence; those who worship it are condemned.

References: Apokálypsis 13:14–15; 14:9–11; 19:20.

Babylon the Great (pretended Queen of Heaven) — Global idolatry system/false religion; the harlot who embodies spiritual fornication and the resurgence of ancient goddess cults (Ishtar, Astarte, and others) in rebellion against Yahuah.

References: Apokálypsis 17–18.

12.2.4 Summary

• Artemis (Diana)
Greek; goddess (nephilim demon) of fertility and the moon, worshiped in Ephesus.
References: Prásso 19:23–41.

• Zeus (Jupiter)
Greek; chief Olympian god (nephilim demon).
References: Prásso 14:11–13.

• Hermes (Mercury)
Greek; messenger of the gods (nephilim).
References: Prásso 14:11–13.

• **Castor & Pollux (Dioscuri)**
Greek/Roman; twin sons of Zeus, sailors' patrons.
References: Prásso 28:11.

• **"Unknown God"**
Greek; Athenian altar to an unnamed deity.
References: Prásso 17:22–23.

• **Baal / Ashtoreth**
Canaanite; false gods of Yâshârêl's apostasy.
References: Rómĕos 11:4.

• **Mammon (mammōnas)**
Aramaic; personified deity of wealth.
References: Mattithyahu 6:24; Lukas 16:13.

• **Beelzebul (Beelzebub)**
Philistine; "lord of the flies," prince of demons.
References: Mattithyahu 12:24.

• **Gold & Silver Idols**
Pagan nations; lifeless objects of worship.
References: Prásso 17:29; Apokálypsis 9:20.

• **Image of the Beast**
Symbolic/Prophetic; idolatry of worldly power.
References: Apokálypsis 13:14–15; 14:9–11; 19:20.

• **Babylon the Great**
Symbolic; world system of false religion and spiritual corruption.
References: Apokálypsis 17–18.

Capitolo 13
L'Eredità di Costantino

(L'eredità babilonica dell'Impero Romano)

13.1 Da Babel a Roma: la continuità del culto pagano sotto un nuovo volto

Ai tempi dell'imperatore Costantino vediamo chiaramente il rimanente e la sua influenza, poiché egli ereditò tutti gli insegnamenti e le credenze di Babel.

Possiamo osservare la manifestazione di questo rimanente anche nel Nuovo Testamento, in forma implicita, attraverso le azioni dei farisei, quando Yahusha stesso li chiama direttamente figli di demoni (nefelini), dicendo loro: «Figli di Echidna».

Yahusha dichiara loro chi è il loro padre — e non è Yahuah — anche se molti non riescono a comprenderlo.

Il mondo moderno, dai tempi di Yahusha fino a oggi, è stato pieno del rimanente dei nefelini, infiltrati in ogni luogo, gruppo e famiglia.

La loro attività preferita nel corso della storia è stata assassinare coloro che annunciano le parole di Yahuah, incluso lo stesso Yahusha e, successivamente, i discepoli e gli apostoli.

13.2 La Creazione del Dio dell'Impero Romano

(La falsificazione dei nomi divini e la manipolazione delle Scritture)

Per consolidare il loro inganno, il rimanente nefelino a Roma realizzò un piano sistematico:

1. Inserirono due lettere nell'alfabeto (J e V) per giustificare i nomi pagani Jehovah, jesus.

2. Cancellarono tutti i nomi di Yahuah / Yahusha dalle Scritture in tutte le tradizioni - nell'originale ebraico non è, né mai sarà possibile, alterarli.

3. Contaminarono (fermentarono) le Scritture con i loro insegnamenti pagani (croce, cristiano, cristo, compleanno).

4. Aggiunsero sezioni false per giustificare le dottrine dei nefelini (trinità).

5. Conquistarono nazioni per formarle da zero sotto la loro nuova religione e il loro nuovo dio.

6. Crearono il presunto kanon (insieme di libri che decisero l'umanità potesse leggere), lasciando e occultando la lista del canone originale dei sacerdoti discendenti di Aharon, custodi del vero canone di Qumrancome regola di ciò che si poteva o non si poteva leggere.

7. Occultarono gli scritti ispirati e manipolarono il termine "apocrifo" per farlo suonare malvagio o proibito, quando in realtà erano libri da loro nascosti.

8. Inventarono termini e inserirono parole estranee nelle Scritture, come: croce (simbolo del demone Tammuz), trinità, cristo, cristiano, dio, signore, Gesù, Jehová, e altri.

9. **Saturnalia – Natale: ** le Saturnali si celebravano per due motivi:

10. • In onore di Saturno, dio dell'agricoltura.

• Come omaggio al trionfo di un generale vittorioso (festa del trionfo).

13.3 Saturnalia e il "Natale"

(Dal sacrificio a Saturno all'albero decorato: la trasformazione pagana sopravvissuta al tempo)

Le Saturnali, in onore di Saturno, fu introdotta intorno al 217 a.C. per risollevare il morale dei cittadini dopo una sconfitta militare subita contro i Cartaginesi al lago Trasimeno.

Ufficialmente si celebrava il giorno della consacrazione del tempio di Saturno nel Foro romano, il 17 dicembre, con sacrifici e un banchetto pubblico festivo (lectisternium) e con il grido collettivo «Io, Saturnalia».

La festa era così amata dal popolo che, ufficiosamente,durava sette giorni, dal 17 al 23 dicembre.

Erano sette giorni di rumorose divertenti celebrazioni, orge, banchetti e scambio di regali.

Le festività cominciavano con un sacrificio nel tempio di Saturno — inizialmente il dio più importante per i romani fino a Giove — ai piedi del Campidoglio, la zona più sacra di Roma, seguito da un banchetto pubblico a cui tutti erano invitati.

I romani associavano Saturno, dio agricolo protettore delle semine e garante dei raccolti, al dio preellenico Crono, che aveva regnato durante la mitica età dell'oro, quando gli uomini vivevano felici senza distinzioni sociali.

Durante le Saturnali, gli schiavi erano spesso liberati dai loro doveri, e i ruoli, in alcuni casi, scambiati con quelli dei padroni.

 Da questa tradizione derivò la successiva sovrapposizione con il "Natale", che sostituì il culto di Saturno, re del Sole (sun), associandolo alla nascita del Figlio di Dio (son)13.4 24 dicembre – vigilia del Sol Invictus (Natale)

(La celebrazione pagana che segnò la nascita dell'inganno religioso)

Alla vigilia del 25 dicembre, nell'antica Roma, si tenevano riunioni familiari e visite sociali in preparazione alla festa del giorno successivo, il solstizio d'inverno, che segnava la rinascita del sole.

Sebbene le Saturnali si celebrassero principalmente tra il 17 e il 23 dicembre,anche la vigilia del Sole Invitto, il 24 dicembre, era considerata una data di celebrazione sociale e familiare.

13.5 Nascita del Sol Invictus – 25 dicembre

(Il giorno in cui Roma innalzò il dio del sole come il falso Messia del mondo)

Sol Invictus ("Sole invitto" o "inconquistato") fu un culto religioso dedicato a una divinità solare, introdotto nell'Impero Romano tardo.

Nel IV secolo d.C., il festival della nascita del Sole invitto (Dies Natalis Solis Invicti) celebrava la nascita di un nuovo sole che vinceva le tenebre e che, a partire dalla fine del solstizio d'inverno del calendario giuliano (25 dicembre), i giorni sarebbero diventati più lunghi.

Questo festival si celebrava il 25 dicembre.

La nascita del nuovo periodo di luce, o nascita del Sol Invictus, 25 dicembre, coincideva con l'ingresso del Sole nel segno del Capricorno (solstizio d'inverno).

Lo stesso 25 dicembre era già una data di celebrazione per i romani. In quell'occasione si festeggiava il Sol Invictus, un culto alla divinità solare associato alla nascita di Apollo, dio del Sole.

13.6 Cambiarono lo Shabbath con la domenica

(Come il potere imperiale sostituì il riposo del Creatore con il culto del sole)

Il 7 marzo del 321, l'imperatore romano Costantino I il Grande decretò che la domenica, "venerabile giorno del sole" — poi chiamata dalla Chiesa cattolica "il giorno del Signore" — fosse considerata giorno di riposo per giudici, plebe e artigiani, cioè "giorno di riposo", mentre i contadini potevano continuare a lavorare:

"Tutti i giudici, gli abitanti delle città e i lavoratori di ogni arte riposino nel venerabile giorno del Sole; i contadini, tuttavia, possono dedicarsi liberamente ai campi, poiché spesso accade che nessun altro giorno sia più adatto per la semina o per piantare le viti."

Così il potere imperiale sostituì il Shabbath, il giorno di riposo stabilito da Yahuah, con il culto del sole.

13.7 Cambiarono i nomi dei giorni e dei mesi

(La manipolazione del calendario divino per imporre l'adorazione pagana)

Cambiarono i nomi dei giorni della settimana e dei mesi, sostituendoli con nomi pagani o di presunti dèi o demoni, così come li conosce oggi l'umanità.

All'inizio i giorni della settimana erano denominati come in portoghese: primo giorno, secondo, terzo, e così via.

L'unico nome di giorno che esisteva da sempre era Shabbath, che significa "riposo".

Allo stesso modo, anche i nomi dei mesi dell'anno furono alterati, tutti oggi onorano demoni o dèi pagani (nefelini) o uomini che furono loro seguaci.

13.8 Sostituzione delle feste bibliche

(La sostituzione del calendario sacro con celebrazioni pagane mascherate da fede)

Tutte le feste bibliche furono dimenticate e abolite, sostituite da feste pagane o dedicate ai demoni. In questo modo riuscirono a creare giorni festivi per ogni tipo di demone o divinità, allontanando completamente l'umanità da tutto ciò che ha a che vedere con Yahuah.

Tertulliano:

«Per noi, per i quali i sabati sono estranei, così come le lune nuove e le festività un tempo amate da Dio, le Saturnali, le feste di Capodanno, del Solstizio d'Inverno e le Matronali sono frequentate; i doni vanno e vengono; i regali di Capodanno; i giochi si uniscono al loro frastuono; i banchetti si aggiungono al loro clamore.

Oh, migliore fedeltà delle nazioni alla propria setta, che non rivendica per sé la solennità dei cristiani!

Né il giorno del Signore né la Pentecoste, anche se li avessero conosciuti, li avrebbero condivisi con noi; poiché avrebbero temuto di sembrare cristiani.»

(Da "De Idololatria" – Tertulliano)

Capitolo 14
Babel nel libro di Apokálypsis

(Ciò che iniziò con una torre termina con un trono...
la culminazione dell'inganno ancestrale)

14.1 La rivelazione finale del sistema babilonico mascherato da religione e potere

Alcuni ancora non comprendono la portata della situazione, nè come il male si sia insinuato ifino ad avvolgerci da ogni lato,. Il mondo,accecato, lo considera come se fosse Dio,ignorando che questa cecità lo conduce alla fine.

E se ancora restiamo increduli e neghiamo i fatti presentati in questo scritto e la diffusione dei nefelini ovunque, sarebbe bene osservare come l'ultimo libro delle Scritture dedichi tanti versetti e interi capitoli ai nefelini negli ultimi tempi.

La ragione della distruzione che sta per giungere sui nefelini e sui loro discendenti, e la salvezza eterna per i seguaci di Yahuah – Yahusha.

Apokálypsis (Apocalisse) 14:8:
E un altro angelo lo seguì dicendo: È caduta, è caduta Bâbel,
la grande città, perché ha fatto bere a tutte le nazioni del vino
dell'ira della sua pornía.

Pornía: prostituzione con altri dèi (inclusi adulterio e incesto), idolatria, fornicazione.

Apokálypsis (Apocalisse) 16:19:
E la grande città fu divisa in tre parti, e le città delle nazioni
caddero; e la grande Bâbel fu ricordata davanti a Êlôhîym, per

darle la coppa del vino dell'ira della sua collera.

Apokálypsis (Apocalisse) 17:1–2:
E venne uno dei sette angeli che avevano le sette coppe, e parlò
con me dicendo: Vieni, ti mostrerò la sentenza contro la grande
idolatra che siede sopra molte acque, con la quale i re della
terra hanno praticato idolatria, e gli abitanti della terra si sono
inebriati del vino della sua pornía.

Apokálypsis (Apocalisse) 17:5:
E sulla sua fronte c'era un nome scritto: Mistero: Bâbel la Grande,
la Madre delle pórni e dell'idolatria della terra.

Apokálypsis (Apocalisse) 17:6:
E vidi la donna ubriaca del sangue dei Qâdôsh, e del sangue dei
martiri di Yahusha; e quando la vidi, rimasi stupito con grande
meraviglia.

Apokálypsis (Apocalisse) 17:18:
E la donna che hai visto è la grande città (Babel) che regna sui re
della terra.

Apokálypsis (Apocalisse) 18:2:
E gridò con voce potente dicendo: È caduta, è caduta la grande
Bâbel, ed è diventata dimora di demoni e rifugio di ogni spirito
immondo, e covo di ogni uccello immondo e abominevole.

Apokálypsis (Apocalisse) 18:3:
Poiché tutte le nazioni hanno bevuto del vino dell'ira della sua pornía; e i re della terra hanno praticato idolatria con lei, e i mercanti della terra si sono arricchiti dell'abbondanza dei suoi piaceri.

Apokálypsis (Apocalisse) 18:10:
Stando lontano per timore del suo tormento, dicevano: "Guai, guai, a quella grande città di Bâbel, quella forte città, perché in un'ora è giunto il tuo giudizio!"

Apokálypsis (Apocalisse) 18:21–23:
E un angelo potente prese una pietra, come una grande pietra da mulino, e la gettò nel mare dicendo: "Con violenza sarà abbattuta quella grande città, Bâbel, e non sarà mai più trovata. E voce di arpisti, di musicisti, di flautisti e di trombettieri non si udrà più in te; né artigiano di alcun mestiere si troverà più in te; né rumore di macina si udrà più in te; e luce di lampada non brillerà più in te, né voce di sposo o di sposa si udrà più in te; perché i tuoi mercanti erano i grandi della terra, poiché per la tua farmakía furono ingannate tutte le nazioni."

Φαρμακεία (farmakía): medicina ("farmacia"), cioè, per estensione, magia (letterale o figurata): stregoneria, incantesimo.

Apokálypsis (Apocalisse) 18:24:
E in lei fu trovato il sangue dei profeti, e dei Qadôsh, e di tutti coloro che furono uccisi sulla terra.

Apokálypsis (Apocalisse) 19:2:
Perché i suoi giudizi sono veri e giusti; ha giudicato la grande
pórni che corrompeva la terra con la sua pornía, e ha vendicato il
sangue dei suoi servi dalla sua mano.

Pornía (πορνεία): prostituzione, adulterio e incesto, idolatria, fornicazione.

Se queste Scritture non sono sufficienti per suscitare una pausa riflessiva e osservare ciò che vediamo o crediamo di conoscere in modo diverso, allora continueremo nella cecità.

Tuttavia, non dimenticate mai che solo coloro ai quali Yahuah apre l'intelletto potranno comprendere le parole di questo libro e assimilarle come tali.

14.2 Strategia del Rimanente Nefelino

(L'infiltrazione religiosa e l'inganno spirituale globale)

La strategia è stata semplice ma efficace.

Galátis (Galati) – Capitolo 2: Verso 4:
E ciò a causa di falsi fratelli introdottisi di nascosto, che si erano
infiltrati per spiare la nostra libertà che abbiamo in Mâshîyach
Yahusha, per ridurci in schiavitù.

Yahûdâh (Giuda) – Capitolo 1: Verso 4:
Perché certi uomini si sono infiltrati di nascosto, i quali da tempo
erano destinati a questa condanna: uomini empî, che trasformano
la grazia del nostro Êlôhîym in dissolutezza, e negano l'unico
Yahuah Êlôhîym e il nostro Âdônây Yahusha Mâshîyach.

Si infiltrano nei gruppi che servono Yahuah, fingendo di essere pii, ma in realtà non lo sono.

Usano gli insegnamenti veri e li alterano, affinché le persone credano che le loro dottrine siano basate su Yahuah, mentre in realtà seguono insegnamenti di demoni.

Ma non dimentichiamo che il rimanente di Yahuah — la minoranza contata — avrà gli occhi aperti. Yahuah permetterà loro di vedere e discernere la verità.

Il male e il rimanente nefelino cercheranno sempre di distruggere i seguaci di Yahuah in ogni epoca; tuttavia, Yahuah ha decretato liberazione e salvezza per mezzo di Yahusha.

Noi, invece, non vogliamo capire e preferiamo restare nella cecità.

Babel e i nefelini furono la causa della prima distruzione della terra,

e saranno anche la causa dell'ultima.

Non furono, né saranno, gli esseri umani con il ruach di Yahuah, ma la discendenza nefelina - che riempie tutta la terra e, alla fine, si rivelerà per ciò che è.

Vi siete mai chiesti perché Yahusha chiamò farisei e sadducei "Generazione di Echidna"?

Significa "generazione di demoni", collegata alla dea greca dello stesso nome.

Tutto questo è stato nascosto per impedirci di comprendere la verità.

14.4 La distruzione dell'umanità

(Il fuoco profetizzato per consumare l'opera dei nefelini)

Sappiamo che l'umanità — o la terra — sarà distrutta ancora una volta, ma questa volta con il fuoco.

Se ricordiamo, la prima distruzione fu per mezzo dell'acqua, e fu causata dei nefelini, non degli esseri umani.

Yahuah salvò l'unico bene che rimaneva della Sua creazione: Nôach e la sua famiglia.

A volte non ci fermiamo a riflettere sul fatto che la ragione per cui l'umanità sarà distrutta è la stessa della volta precedente, precisamente per la stessa causa:quella dei nefelini.

Non sarà per colpa degli uomini creati con il ruach di Yahuah, ma di quelli che portano in sé il rimanente, il DNA o il gene dei nefelini, e che continuano a popolare e contaminare la creazione.

Così la terra sarà distrutta di nuovo — e questa volta, definitivamente.

14.5 La fine somiglia all'inizio

(Il ritorno ai giorni di Nôach prima del giudizio finale)

Alla fine, il racconto è lo stesso e la situazione anche, solo in tempi diversi.

La malvagità, intrecciata nel sangue del rimanente dei nefelini, continua a divorare e contaminare la creazione di Yahuah -uguale, o peggio, che ai giorni di Nôach.

Per questo stiamo tornando ai tempi di Nôach, e allora sarà la fine.

Ma questa fine verrà ancora una volta a causa dei nefelini.

Yahusha verrà per salvare i figli di Yahuah — quelli che portano il chip, il gene o il DNA del ruach di Yahuah nelle loro vite — prima che il rimanente dei nefelini li stermini completamente.

Mattithyâhû (Matteo) – Capitolo 24: Verso 37:
«Ma come furono i giorni di Nôach, così sarà la venuta del Figlio dell'uomo.

Perché, come nei giorni prima del diluvio, mangiavano e bevevano, si sposavano e si maritavano, fino al giorno in cui Nôach entrò nell'arca,

e non si accorsero di nulla finché venne il diluvio e li portò via tutti;

così sarà anche la venuta del Figlio dell'uomo.»

14.6 La speranza finale

(Il riscatto del rimanente fedele di Yahuah)

I discendenti, il chip o il DNA dei nefelini sono tra noi. Popolano la terra, ci circondano con i loro insegnamenti e i loro figli, e spesso non ce ne accorgiamo.

Continuiamo a pensare che i colpevoli siamo noi - gli uomini che portano il sigillo del ruach di Yahuah - senza sapere che questa è stata la menzogna più ben raccontata di tutti i tempi, creata per mantenerci distratti e impedirci di comprendere la verità.

Così possono raggiungere il loro scopo: trascinare e corrompere la creazione di Yahuah in ogni momento.

Sono malvagi in tutto e per tutto, e il loro unico scopo è condurre la creazione di Yahuah alla perdizione.

Ma non dobbiamo temere, perché, anche se cercano di vestirsi da pecore, saranno sempre lupi rapaci.

E anche se si presentano come angeli di luce, le loro azioni riveleranno chi sono realmente.

A noi, i puri, che portiamo il DNA spirituale di Yahuah, è stata data sapienza, comprensione e conoscenza per riconoscere i figli dei nefelini.

Per questo finiamo per separarci completamente dal mondo: siamo in esso, ma sappiamo che non è la nostra dimora.

Noi dimoreremo con il nostro Yahuah Êlôhîym e con Yahusha Ha Mashiyach, nostro Re eterno.

Pertanto, le tenebre non potranno vincerci.

Anche se la malvagità e gli insegnamenti dei nefelini — i figli delle tenebre — ci circondano, non saremo mai sconfitti.

La Luce trionferà sulle tenebre.

Saremo salvati, e loro completamente sterminati, questa volta per tutta l'eternità.

Fílippi (Filippesi) – Capitolo 2: versetto 9:
Perciò Êlôhîym lo ha innalzato sopra ogni cosa e gli ha dato un nome che è al di sopra di ogni nome, affinché nel nome di Yahusha si pieghi ogni ginocchio di ciò che è nei cieli, sulla terra e sotto la terra, e ogni glóssa confessi che Yahusha Mâshıyach è Âdônây, a gloria di Êlôhîym il Padre.

1 Thessalonikéfs (1 Tessalonicesi) – Capitolo 4: versetto 16–17:
Perché lo stesso Âdônây scenderà dal cielo con un grido di comando, con voce di arcangelo e con tromba di Êlôhîym; e i morti in Mâshıyach risorgeranno per primi.

Poi noi, i viventi che saremo rimasti, saremo rapiti insieme con loro nelle nuvole, per incontrare Âdônây nell'aria; e così saremo sempre con Âdônây.

Capitolo 15
L'origine del male e della malvagità

(Dalla ribellione celeste alla
corruzione e allo sterminio umano)

Il riepilogo dell'origine del male e della malvagità non è esattamente ciò che ci hanno insegnato o detto.

È comprensibile, perché lo scopo della discendenza dei nefelini — o di Babel — è confondere, e noi facilmente ci lasciamo persuadere dalle menzogne dei nefelini.

La verità è che i disastri che conosciamo nell'umanità, e che ci hanno fatto pensare che i viventi creati da Yahuah ne fossero i responsabili, non è del tutto corretta.

15.1 La fine dei vigilanti nefelini.

Benché l'umanità sia ancora ipnotizzata dai vigilanti, dai loro discendenti -i nefelini-, dai loro figli -i demoni -e dai loro insegnamenti di perdizione, il loro destino è certo e non c'è assolutamente nulla che possa cambiarne l'esito. Per questo cercano di trascinare con sé chiunque possano.

Chănôk (Enoc) – Capitolo 14: versetto 5:
E da ora in avanti non saliranno allo shâmayim per tutta
l'eternità, e nelle prigioni della terra è stato promulgato il decreto
per incatenarli per tutti i giorni del mondo.

Chănôk (Enoc) – Capitolo 21: versetto 8–10:
Allora dissi: Quanto è terribile questo luogo e quanto è terribile
contemplarlo!

Allora Ûrîyêl, uno degli angeli qâdôsh che era con me, mi rispose: Chănôk, perché hai così tanta paura e spavento? Risposi: Per questo luogo spaventoso e per lo spettacolo del dolore. Ed egli mi disse: Questo luogo è la prigione degli angeli, e qui saranno incarcerati per sempre.

Chănôk (Enoc) – Capitolo 54: versetto 6:
E Mıykâêl, Gabrıyêl, Râphâêl e Phanuêl li prenderanno in quel gran giorno e li getteranno in quello stesso giorno nella fornace ardente, affinché Yahuah degli ruach li vendichi per la loro ingiustizia per essersi sottomessi all'avversario e aver sviato coloro che abitano sulla terra.

Yôbêl (Giubilei) – Capitolo 5: versetto 6:
E si adirò oltremodo contro gli angeli che aveva mandato sulla terra, e comandò di strapparli da ogni loro dominio, e ci ordinò di incatenarli nelle profondità della terra; ed ecco, sono incatenati in mezzo ad esse e tenuti separati.

Yôbêl (Giubilei) – Capitolo 5: versetti 10:
E i loro padri furono testimoni della loro distruzione, e dopo questo rimasero incatenati nelle profondità della terra per sempre, fino al giorno della grande condanna, quando sarà eseguito il giudizio su tutti coloro che hanno corrotto le loro vie e le loro opere davanti a Yahuah.

Il destino finale dei vigilanti fu sigillato dal momento del loro peccato. Furono rinchiusi in prigioni oscure dove attendono il giorno del giudizio finale, quando saranno allora tormentati per l'eternità.

Mattithyâhû (Matteo) – Capitolo 13: versetti 41–42:
Manderà il Figlio dell'uomo i suoi angeli, ed essi raccoglieranno
dal suo regno tutti gli operatori di male e coloro che commettono
iniquità; e li getteranno nella fornace di fuoco: lì sarà pianto e
stridore di denti.

15.2 L'Origine e la Fine del Male

(La storia completa dell'inganno e della redenzione finale)

15.2.1 La Caduta al Principio

☐ Gadreel seduce Chawwâh (Eva) a peccare.

Nel Yarden, Gadreel — uno degli esseri celesti designati come guardiano — ingannò Chawwâh perché mangiasse del frutto proibito. Così il peccato entrò nella creazione, corrompendo la purezza dell'uomo e aprendo la porta all'inganno spirituale (Bereshith 3,1–6).

☐ Solo gli umani possono procreare con lo spirito di Yahuah.

Il disegno di Yahuah era che unicamente gli umani, fatti a Sua immagine, potessero portare il Suo ruach (spirito). Gli esseri celesti non furono creati per mescolarsi con la carne mortale (Bereshith 1:27–28).

15.2.2 La Ribellione dei Vigilanti

☐ Gli angeli vigilanti scendono e cambiano il loro proposito per creare discendenza.

Nei giorni precedenti il diluvio, gli angeli vigilanti discesero sul monte Hermon con lo scopo di generare figli con le figlie degli uomini (Chănôk / Enoc 6:1–6).

☐ Gli angeli vigilanti furono anche sedotti e ingannati.

Questi esseri furono manipolati dagli stessi spiriti di ribellione che promisero loro potere e dominio sulla terra.

☐ I figli dei Vigilanti e delle donne non hanno lo spirito di Yahuah.

L'unione innaturale diede origine ai Nefelín, giganti ed esseri senza anima divina. Non furono creati dal soffio di Yahuah, ma dalla mescolanza di carne e potere celeste corrotto (Bereshith 6:4).

☐ I demoni furono il prodotto dell'unione delle donne con gli angeli vigilanti.

Alla morte dei Nefelín nel diluvio, i loro spiriti rimasero intrappolati tra i mondi, senza corpo né riposo. Questi sono i demoni, che cercano di abitare corpi umani (Chănôk 15:8–10).

☐ I demoni furono creati dagli umani (donne) e dagli angeli vigilanti.

Non furono opera di Yahuah, ma frutto della corruzione e della ribellione. Per questo sono condannati fino al giudizio finale (Chănôk 16,1–3).

15.2.3 Il Diluvio e la Purificazione della Terra

☐ Il diluvio venne per il peccato dei Nefelín.

La terra era piena di violenza e corruzione. Yahuah decise di distruggere ogni carne contaminata dalla semenza dei Vigilanti (Bereshith 6:11–13).

☐ Il diluvio fu inviato per salvare gli otto umani che avevano lo spirito di Yahuah.

Noaḥ e la sua famiglia furono gli unici a conservare purezza genetica e spirituale; attraverso loro l'umanità fu preservata (Bereshith 7:1).

☐ I Nefelín perirono nel diluvio e divennero demoni.

I loro corpi furono distrutti, ma i loro spiriti rimasero erranti sulla terra, in cerca di riposo e causando oppressione (Chănôk 15:9–12).

☐ Yahuah pattì di non distruggere più la terra con l'acqua.

Dopo il diluvio, Yahuah stabilì il Suo patto con Noaḥ, sigillato dall'arcobaleno come segno di misericordia (Bereshith 9:11–13).

15.2.4 Il Ritorno dell'Inganno dopo il Diluvio

☐ Una famiglia nefelina sfuggì e sopravvisse al diluvio.

Secondo antiche tradizioni, un piccolo rimanente contaminato riuscì a sopravvivere e, dopo il diluvio, si rifugiò sui monti di Ararat (Turchia).

☐ Il rimanente si arenò ad Ararat e si stabilì a Babel.

Là cominciarono a ricostruire il loro dominio, guidati dagli antichi insegnamenti proibiti dei vigilanti.

☐ Qeynan trovò gli insegnamenti dei Vigilanti, li copiò e li insegnò.

Qeynan, discendente di Noaḥ, rinvenne gli scritti nascosti degli angeli vigilanti, reintroducendo stregoneria, astrologia e le arti della corruzione (Giubilei 8:1–4).

☐ Gli insegnamenti dei Vigilanti sono la causa di ogni distruzione.

Da essi nacquero pratiche occulte, falsi culti e scienze che corrompevano di nuovo le nazioni.

15.2.5 Babel e l'Espansione del Male

☐ I Vigilanti (o il loro rimanente) furono gli abitanti di Babel.

La civiltà di Nimrod e di Babel riprese l'antica ribellione celeste, cercando di raggiungere i cieli tramite un potere proibito (Bereshith 11:1–4).

☐ Costruzione della torre di Babel.

Rappresentò un tentativo umano–demoniaco di unire di nuovo cielo e terra sotto un unico governo corrotto.

☐ Yahuah confonde le lingue e disperde i nefelini e il loro rimanente.

Per frenare l'espansione del male, Yahuah confuse le lingue e disperse le nazioni (Bereshith 11:7–9).

☐ Il rimanente nefelino si diffuse in tutte le nazioni.

Le loro linee contaminate si infiltrarono in vari popoli, portando con sé idolatria, sacrifici umani e falsi dèi.

☐ Il rimanente conquistò Sodoma, Gomorra e le città vicine.

Queste città furono centri di perversione nefelina, dove peccato e mescolanza raggiunsero l'apice (Bereshith 19).

☐ Sodoma e Gomorra furono distrutte per il peccato dei Nefelín.

Fuoco e zolfo discesero dal cielo come giudizio di Yahuah sulla corruzione genetica e spirituale di quelle terre.

15.2.6 Il Governo del Male in Yâshârêl e nel Mondo Antico

☐ I Nefelín diedero origine ai Chasmoniym, padri dei filistei.

Da loro sorsero popoli guerrieri e nemici del popolo di Yahuah, la cui idolatria riempì la terra di sangue.

☐ Farisei, sadducei ed esseni sono discendenti asmoniani (nefelini).

Questi gruppi religiosi dominarono il tempio durante l'epoca del Secondo Tempio, corrompendo la Toráh con tradizioni umane.

☐ I samaritani usurpano il tempio e cambiano il sommo sacerdote.

Dopo la divisione del regno, i samaritani adottarono il loro monte sacro e un sacerdozio falso (Yôchânân 4:20–22).

☐ Maṣṭêmâh rimase come incaricato dei demoni, capo del rimanente nefelino.

Designato principe degli spiriti malvagi, coordina la ribellione spirituale contro gli eletti (Giubilei 10:8–9).

☐ Maṣṭêmâh non è un demone, ma un angelo fisico, con corpo.

A differenza degli spiriti impuri, Maśṭêmâh ha forma corporea e può manifestarsi in un solo luogo alla volta.

☐ Maśṭêmâh & Asmodeus abitavano in Mitsrayim (Egitto).

L'Egitto fu il loro centro di potere, dove influenzò re, maghi e sacerdoti in opposizione diretta a Mošeh e al popolo eletto.

15.2.7 La Manifestazione di Yahusha e la Redenzione Finale

☐ Yahusha affronta i gruppi nefelini (farisei, sadducei, esseni).

Durante il Suo ministero, Yahusha smaschera le élite religiose che custodivano il sangue e gli insegnamenti di Babel. "Voi siete dal padre vostro il diabolos..." (Yôchânân 8:44).

☐ Farisei, sadducei ed esseni uccidono Yahusha e perseguitano i Suoi discepoli.

Così si compì l'antica inimicizia tra la semenza della donna e la semenza del serpente (Bereshith 3:15).

☐ Babel è la culla del rimanente dei Nefelín.

Dall'antichità, Babel rappresenta il sistema spirituale del male, radice di ogni idolatria e religione falsa (Apokálypsis 17:5).

☐ Costantino adotta gli insegnamenti dei nefelini e di Babel.

La sua religione imperiale mescolò la fede con le pratiche di Babilonia; sua moglie proveniva da lignaggio babilonico, rafforzando l'unione politico–religiosa.

☐ Gli attuali capi religiosi fanno parte del Sacerdote Malvagio.

Dagli stessi lignaggi nefelini sorsero i sistemi ecclesiastici moderni, eredi della corruzione babilonica.

☐ La religione creata da Costantino è la religione di Babel.

Sostituì i Nomi sacri, impose idoli e stabilì il dominio spirituale di Roma sulle nazioni.

☐ La religione dell'Impero Romano diventa la nuova culla di Babel.

Roma perpetuò l'opera dei Vigilanti, mescolando politica, idolatria e controllo spirituale globale.

☐ Babel ancora una volta divora l'umanità e la conduce alla distruzione.

Lo stesso spirito di ribellione domina i sistemi religiosi, economici e culturali del mondo attuale.

☐ La distruzione dell'umanità viene di nuovo per il peccato di Babel e dei Nefelín.

2 Kêph (2 Pietro) – Capitolo 3: Verso 7

"Ma i cieli e la terra che esistono ora, per la stessa parola, sono conservati per il fuoco, per il giorno del giudizio e della perdizione degli empi."

☐ Yahuah–Yahusha salverà il Suo popolo e restaurerà la creazione.

Gli eletti saranno liberati dalla corruzione di Babel e vivranno eternamente con Lui, come fu stabilito dal principio (Apokálypsis 21:3–4).

Conclusione
Dalla Ribellione alla Redenzione

(La storia invisibile del male giunge alla fine...
e la gloria di Elyôn risplende per sempre.)

*La storia del male è, in realtà, la storia dell'inganno. Da Gadreel
a Maśṭêmâh, da Babel a Roma, le stesse radici nefeline si sono
manifestate sotto nomi, religioni e poteri differenti. Tuttavia, il
proposito eterno di Yahuah non è mai cambiato: salvare la Sua
creazione e stabilire il Suo Regno eterno nella giustizia.*

I Vigilanti e la loro discendenza seminarono la corruzione, ma
Yahuah innalzò Yahusha ha Mashíyach per restaurare ciò che
era stato perduto. "Perché il Figlio dell'Uomo è venuto a cercare
e a salvare ciò che era perduto" (Lukas / Luca 19:10).

Per mezzo della Sua morte e risurrezione, Yahusha ruppe la catena
dei Nefelín, spogliò i principati e le potestà e trionfò pubblicamente
su di loro. "E, avendo spogliato i principati e le potestà, ne fece
un pubblico spettacolo, trionfando su di loro." (Kolosse / Colossesi
2:15).

*Il nemico cercò di perpetuare il suo lignaggio attraverso gli
imperi, la religione e il potere politico, ma tutto il suo sistema
è destinato a cadere. "Cadde, cadde Babilonia la grande, ed è
diventata dimora di demoni..." (Apokálypsis / Apocalisse 18:2).
Così si compirà il destino di tutti coloro che rifiutarono il ruach di
Yahuah e seguirono gli insegnamenti dei Vigilanti.*

Ma coloro che rimangono in Yahusha saranno liberati. Essi

erediteranno il Regno promesso, dove non vi sarà corruzione,
né mescolanza, né morte. "E vidi un cielo nuovo e una terra
nuova... e non vi sarà più morte, né lutto, né lamento, né dolore..."
(Apokálypsis / Apocalisse 21:1–4).

L'inizio del male cominciò con una mescolanza proibita; la sua
fine sarà la purificazione totale. Il piano di Yahuah è sempre stato
redimere, restaurare e dimorare con il Suo popolo. "E udii una
gran voce dal cielo che diceva: Ecco il tabernacolo di Êlôhîym
con gli uomini, ed Egli abiterà con loro; ed essi saranno il Suo
popolo, ed Êlôhîym stesso sarà con loro e sarà il loro Êlôhîym."
(Apokálypsis / Apocalisse 21:3).

Così, il racconto giunge alla sua conclusione: il male ebbe la sua
origine, la sua espansione e il suo dominio; ma avrà anche la
sua fine. Babel cadrà, i Vigilanti saranno giudicati e tormentati in
eterno, i Nefelín e i demoni saranno sterminati. Allora, Yahusha,
il Mashíyach, regnerà su tutta la terra. E i redenti vivranno
nell'eternità come Yahuah aveva pianificato fin dal principio: in
purezza, verità e amore eterno.

Apokálypsis (Apocalisse) 20:8–10
"E uscirà per sedurre le nazioni che sono ai quattro angoli della
terra, Gôg e Mâgôg, per radunarle per la battaglia; il loro numero
è come la sabbia del mare. E salirono sulla distesa della terra e
circondarono l'accampamento dei Qâdôsh e la città amata; e scese
fuoco dal cielo da parte di Êlôhîym e li divorò. E il Diábolos che
li seduceva fu gettato nello stagno di fuoco e zolfo, dove sono la
bestia e il falso profeta; e saranno tormentati giorno e notte nei
secoli dei secoli."

Questo è il finale chiaro, preciso e definitivo del male che ha
flagellato la razza umana fin dai tempi antichi. Qui termina ogni

ribellione, ogni corruzione, ogni dominio delle tenebre.

L'avversario, dopo essere stato sciolto per un breve tempo, esce di nuovo a sedurre le nazioni demoniche (nefeline) — per radunare tutti i suoi seguaci, i rimanenti nefelini, gli spiriti demoniaci che furono incarcerati dal Diluvio —innumerevoli come la sabbia del mare.

Questo è il suo ultimo tentativo disperato di ribellione. Insieme circondano l'accampamento dei Qâdôsh (i santi) e la città amata, la Nuova Yarushaláyim, dove dimoriamo noi che siamo stati redenti e sigillati in Yahusha Ha Mashiyach.

• Ma non c'è battaglia.

• Non c'è guerra.

• Non c'è scontro possibile.

La potenza di Elyôn non richiede spade né eserciti: scende fuoco dal cielo di Êlôhîym e, in un istante, consuma tutti gli spiriti malvagi. La loro corruzione li divora dall'interno; la loro stessa natura caduta è la loro dannazione eterna.

Questi demoni — nati dall'unione proibita tra gli angeli vigilanti e le figlie degli uomini — furono creati nella corruzione e, pertanto, vengono sterminati completamente.

Non c'è ritorno, non c'è seconda opportunità: è la fine assoluta del male, la seconda morte finalmente compiuta e portata a termine. Fine della storia.

Solo quegli esseri eterni e immortali che peccarono — gli angeli ribelli, lo stesso avversario, Mastemá, Gadreel, insieme alla bestia e al falso profeta — non vengono consumati, ma tormentati nei secoli dei secoli nello stagno di fuoco e zolfo, preparato per loro fin dal principio.

Questi sono coloro che, essendo eterni, peccarono nella loro eternità, e nella loro stessa eternità subiranno il giudizio eterno.

- Così si compie ogni giustizia.

- Così si sigilla la sentenza divina.

- Così termina il dominio del male, e si innalza il Regno eterno e glorioso del Mashiyach; Yahuah, il nostro Elohîym, regnerà per sempre, e la Sua luce guiderà i redenti per tutta l'eternità.

FINE DELLA STORIA.

SI È CHIUSO IL SIPARIO DEL MALE.

TUTTE LE COSE COMINCIANO E TERMINANO IN YAHUAH — LUI È IL NOSTRO SCOPO, LA NOSTRA PACE E LA NOSTRA ETERNITÀ!

Bibliografia

Mason, Kenneth. *The Himalayan Journal* – "The Passing of Mummery." 1931, pp. 11, 14 e 15.

Usato come contesto storico sulle prime esplorazioni nell'Himalaya e il loro parallelismo simbolico con la ricerca spirituale umana.

Advantour. *"Armenia: Geografía."* https://www.advantour.com/es/armenia/geografia.htm

Fornisce informazioni geografiche e storiche su Armenia e sulla regione dell'Ararat, in relazione ai racconti del diluvio.

Advantour. *"Monte Ararat."* https://www.advantour.com/es/armenia/ararat.htm

Riferimento per la collocazione storica e simbolica del Monte Ararat e la sua importanza biblica in Genesi.

Wikipedia. *"Himalaya."* https://es.wikipedia.org/wiki/Himalaya?variant=zh-cn

Usato per stabilire dettagli geografici di antiche montagne e la loro relazione con scenari divini.

Wikipedia. *"Monte Everest."* Disponibile in: https://es.wikipedia.org/wiki/Monte_Everest

Articolo dettagliato sulla montagna più alta della Terra; include ubicazione, storia delle ascensioni e simbolismo come punto estremo del mondo antico.

Wikipedia. *"Amonitas."* https://es.wikipedia.org/wiki/Amonitas

Fornisce informazioni su nazioni bibliche che si opposero a Israel, collegate alla corruzione spirituale.

Wikipedia. *"Moabitas."* https://es.wikipedia.org/wiki/Moabitas

Contesto storico e genealogico di Moab, rilevante per le linee di ribellione ancestrale.

Wikipedia. *"Brujería."* https://es.wikipedia.org/wiki/Brujer%C3%ADa

Spiega le pratiche antiche e i loro paralleli spirituali con gli insegnamenti dei vigilanti caduti.

Wikipedia. *"Magia."* https://es.wikipedia.org/wiki/Magia

Chiarisce le definizioni antiche e i rituali della magia in diverse civiltà.

Wikipedia. *"Morcilla."* https://es.wikipedia.org/wiki/Morcilla

Citato per la sua relazione storica con pratiche rituali di sangue e paralleli culturali.

Univisión. *"Maquillaje letal: productos de belleza que se usaban y podían causar la muerte."* https://www.univision.com/estilo-de-vida/belleza/maquillaje-letal-productos-de-belleza-que-se-usaban-y-podian-causar-la-muerte

Utilizzato per illustrare la vanità e i pericoli della bellezza mortale dall'antichità a oggi.

Vogue México. *"El delineado cat-eye: cuál es su historia."* https://www.vogue.mx/belleza/articulo/delineado-cat-eye-cual-es-su-historia

Fonte sul simbolismo storico del trucco degli occhi nelle culture antiche.

GemSelect. *"Significado de las gemas."* https://www.gemselect-spain.com/spanish/other-info/gemstone-meanings.php

Riferimento sui significati simbolici e occultistici attribuiti alle pietre preziose.

Tonello. *"Historia del teñido: de los orígenes a nuestros días."* https://inspiring.tonello.com/es/historia-del-tenido-de-losorigenes-a-nuestros-dias/

Usato per analizzare il simbolismo culturale di colori e tessuti in contesti religiosi antichi.

BibleHub. *"Septuaginta Génesis 10."* https://biblehub.com/sep/genesis/10.htm

Citato per confronti genealogici e la dispersione delle nazioni dopo Babel.

Virtual Religion Network. *"El Rollo de Habacuc del Mar Muerto (1QpHab)."* https://virtualreligion.net/iho/1QpHab.html

Usato per comprendere le interpretazioni profetiche e di ribellione rinvenute a Qumran.

Wikipedia. *"Equidna (Mitología)."* https://es.wikipedia.org/wiki/Equidna_(mitolog%C3%ADa)

Fornisce contesto mitologico su creature ibride che simboleggiano la corruzione.

Wikipedia. *"Saturnales."* https://es.wikipedia.org/wiki/Saturnales

Usato per mostrare l'origine pagana delle festività romane adottate successivamente da istituzioni religiose.

BBC Mundo. *"El origen del Sol Invictus y las fiestas romanas."* https://www.bbc.com/mundo/noticias-59298500

Base per l'analisi del 25 dicembre e la sua connessione con l'adorazione del Sol Invictus.

Wikipedia. *"Sol Invictus."* https://es.wikipedia.org/wiki/Sol_Invictus

Espande i dettagli del culto romano incorporato nelle tradizioni imperiali e successive.

Wikipedia. *"Sábado."* https://es.wikipedia.org/wiki/S%C3%A1bado

Spiega i cambiamenti storici nell'osservanza dello Shabbath e le sue implicazioni teologiche.

El Libro Perdido de Enki.

Usato per confrontare i miti mesopotamici antichi con i racconti biblici della creazione e della ribellione.